홍차를 주문하는 방법

KOUCHA 0 CHUMON SURU HOUHOU by TSUCHIYA Kenji
Copyright © 2002 by TSUCHIYA Kenji
All Rights Reserved.
First original Japanese edition published by
Bungei Shunju Ltd., Japan, 2002.
Korean soft-cover translation right in korea reserved by Todam Media
under the licence granted by TSUCHIYA Kenji arranged with bungei
Shunju Ltd., Japan through Imprima Korea Agency, Korea

이 책의 한국어판 저작권은 Imprima Korea Agency를 통해
Bungei Shunju Ltd., Japan과의 독점계약으로 토담미디어에 있습니다.
저작권법에 의해 한국 내에서 보호를 받는 저작물이므로
무단전재와 무단복제를 금합니다.

홍차를 주문하는 방법

츠지야 켄지 지음
송재영 옮김

토담
미디어

머리말

 오해 없도록 말해두지만 이 책은 노벨문학상 수상 기념 강연집이 아니다. 철학서도, 의학서도, 냉장고도, 지하철도 아니다. 특히 유고집도 아니다. 〈주간 문예춘추〉에 연재한 에세이를 정리한 것이다. 충분히 준비하고 낸 책이다.(이제까지 나는 책을 낼 적마다 충분히 준비하고 기다려왔다.)
 쉽게 상상할 수 있는 것처럼 매주 수준 높은 문장을 계속해서 쓴다는 것은 아주 곤란한 일이다. 어느 정도 곤란한 것인지는 이 책의 문장을 읽으면 곧바로 알게 될 것이다.
 다행히도, 나는 질적으로 승부하는 타입은 아니다. 양으로 승부하는 타입도 아니다. 승부나 분쟁을 좋아하지 않는 타입이다. 그렇다고 결코 대충 적당한 기분으로 쓰고 있지도 않다.
 작가 중에는 상상도 할 수 없을 만큼 초스피드로 쓰는 사람이 있지만 나는 주도면밀하게 준비한 다음 충분한 시간과 노력을 들여서 쓴다.
 나는 원래 태생이 아무것도 아닌 문장을 쓰는데도 보통 사람보다 두 배의 노력과 시간을 필요로 하는 편이다. 이런 핸디캡이 있는 데다가, 테마의 선택·전체 구상·영양보급·휴식·수면·컴퓨터의 선정·컴퓨터를 사고 바꾸는 이유의 설명·책 정리, 그리고 책 정리를 할 수 없는 것에 대한 해명 따위에 공들이면서 시간을 투자하고 있다. 그런 저런 이유로 집필 시간이 부족할 정도이다.

　시간과 노력만이 아니다. 돈도 들이고 있다. 요 1년 동안 텔레비전이랑 컴퓨터랑 세탁기를 바꿨다. 세탁기가 무슨 관계가 있는 걸까, 하고 말할지도 모르지만 아내가 시키는 대로 바꾸지 않으면 혼나서 집필할 마음이 없어질 수도 있기 때문에 중요한 것이다.

　노력과 시간과 돈을 들이고 있다는 것이 의미하는 것은, 내가 쓴 책은 공들여 만든 작품이라는 것이다. 물론 아무리 노력을 들였다고 해서 반드시 명저가 될 수 있다는 말은 아니다. 하지만 명저가 아니라고 해서 이 책의 가치가 없어지는 걸까. 나는 그렇게 생각하지 않는다. 그 이유는 중요한 것만으로도 35가지나 된다.

　제일 먼저, 제대로 된 가정에서 양육된 사람이라면 누구라도 어릴 적에 '결과보다 얼마나 노력했는지가 더욱 중요하다.'고 배웠을 것이 분명하다. 누군가 이 가르침을 아직도 지키고 있다면, 비록 핸디캡을 갖고 있다 하더라도 많은 노력을 들인 나의 책은 평가받을 수 있을 것이다.(어릴 적 가르침을 지키고 있다면 밤늦게까지 자지 않고 담배나 술을 마시고 있지는 않을 텐데.)

　두 번째로, 자주 듣게 되는 말이지만 책의 가치는 시간이 지나보지 않으면 모르는 것이다. 자화자찬인지도 모르지만 이 책의 경우 보존상태가 좋다면 5,000년 후 쯤에는 역사적 자료로 상당히 높은 가치를 갖게 되지 않을까 생각한다.

　세 번째로, 분명히 나는 대작가는 아니지만 소작가도 아니다.(소작가가 되고 싶어도 '소작가'라는 말이 없다.) 대작가나 나나 쓰는 것이 문장이라는 점에서는 똑같다. 둘 다 단어를 나열하고 있을 뿐이다. 그런데 어째서 그 정도로 큰 가치 차이가 있는 것일까. 금괴는 공 모양을 하고 있건 어묵 모양을 하고 있건 가치가 크게 다르지 않은데……

 네 번째 이유는 약간 복잡한 증명이 된다. 보통사람이라면 이해하기 어렵지 않을까 하는 생각이 든다. 하물며 전문가는 더 더욱 이해할 수 없을 것이다. 어쨌든 읽고 싶은 사람은 주를 읽어 주었으면 좋겠다.(질문과 반론은 받지 않습니다.)

 다섯 번째부터 서른다섯 번째까지의 이유는 한층 더 복잡한 증명이 되기 때문에 생략한다. 전문가뿐만 아니라 나 자신도 이해할 수 없을 정도로 복잡한 증명이기 때문이다.

 위와 같은 이유를 근거로 '이 책에 가치가 있다.'고 믿기에 충분하다고 나는 생각한다.

【주】
 우선 나와 대작가의 차이를 생각해보자. 이렇게 쓰면, 얼마나 내가 대작가가 아닌 것 같은 인상을 주겠는가. 사실, 나는 대작가는 아니다. 대작가라고 말할 수 있으려면 얼마간은 해마다 글을 계속 쓰지 않으면 안 된다.

 하지만, 나의 경력은 짧다. 신진기예新進氣銳라고 말해도 좋다. 이런 의미로는, 분명히 나는 대작가이기 위한 기본적 조건을 갖추고 있지는 않다.

 그러나 여기에서 생각해 주셨으면 한다. '나는 대작가가 아니다.'라는 직접적 표현을 사용하지도 않고, 단지 '나와 대작가의 차이'라는 표현만으로 '이 녀석은 대작가가 아니구나.' 하는 생각을 하게끔 하는 필력은 있다. 그래서 그런지 이 책을 읽으면 알겠지만 '대작가'라고 하는 말까지 사용하지 않더라도, 정확하게 '이 녀석은 절대로 대작가가 아니다.'라고 생각하게 할만한 문장력을 가지고 있다.

틀림없이 눈이 뛰어난 사람이라면 한 페이지도 채 읽지 않았을 동안 내가 대작가가 아니라는 사실을 눈치챘을 것이다. 이처럼 사실을 정확하게, 동시에 세련된 표현으로 문장을 만드는 것은 대작가의 기본적 조건이다. 따라서 나는 적어도 대작가의 기본적 조건을 만족시키고 있다고 할 수 있다.

정리하면 이렇게 된다.

① 나는 대작가의 기본적 조건을 만족시키고 있지 않다.

② 고로 나는 대작가가 아니다.

③ 그런데도 나는 대작가가 아니라고 하는 사실을, 직접적으로 표현하지 않아도 정확함과 동시에 충분한 설득력을 가지고 전달하고 있다.

④ 이것은 대작가의 기본적 조건이다.

⑤ 고로 나는 대작가의 기본적 조건을 만족시키고 있다.

⑥ 이것은 ①에 모순된다.

⑦ ①을 전제로 모순된 결론이 나왔으므로 귀납법에 의해 ①은 잘못되었다.

목차

일회성 비만

글자를 쓸 수가 없다 ——— 014

서툰 일 ——— 018

한 집에 열 권씩, 츠지야의 신간을 ——— 021

모사 편집부 토미오까 씨 ——— 025

편집자로부터의 편지 ——— 029

참인간의 길 ——— 033

윙윙거리는 PC ——— 037

남의 불행을 보고 웃지마라 ——— 041

발전성 있는 언쟁 ——— 045

일회성 비만 ——— 049

검사는 몸에 해롭다 ——— 053

사랑을 모르겠다 ——— 057

대학 축제에서 알게 된 진실 ——— 061

휴대전화 비판 ——— 065

이해할 수 없는 명령

일미관계를 위해 --- 070
사쿠라 모모코 효과 --- 074
하느님이시여, 부처님이시여, 사쿠라님이시여 --- 078
의외의 감상 --- 082
그 증거로…… --- 086
사람의 이름 --- 90
의외의 결과 --- 94
무사히 엽서를 부친 날 --- 98
좌석의 선택법 --- 102
이해할 수 없는 명령 --- 106
에베레스트 산보다도 높다 --- 110
물건이 라이벌 --- 114
신간 매상 올리기 작전 --- 118
졸업생에게 보내는 말 --- 122

친절한 거짓말

신입생 여러분에게 ——— 128

중년 여자가 떠난 뒤 ——— 132

요즘 노래는 노래 같지 않다 ——— 136

신념을 관철하는 남자 ——— 139

합성의 오류 ——— 143

자기를 설득하는 방법 ——— 147

모르고 있을 권리 ——— 151

개인정보는 귀중하다 ——— 155

절대로 실패하지 않는 방법 ——— 159

친절한 거짓말 ——— 163

계산이 맞지 않다 ——— 167

츠지야의 인생 상담 ——— 171

어른의 맛 ——— 175

커피 한 잔어치 ——— 179

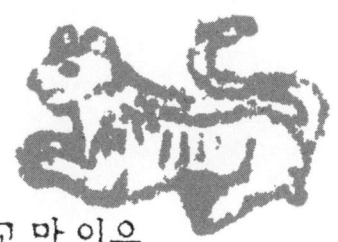

계획이 무산되고 만 이유

책이 어디로 갔지 1 ---- 184
책이 어디로 갔지 2 ---- 188
계획이 무산되고 만 이유 ---- 192
유전자 문제 ---- 196
부모 자식, 어디까지 닮을까 ---- 200
나의 다이어트 1 ---- 204
나의 다이어트 2 ---- 208
태풍의 피해 ---- 212
어린 양이여, 잘 들으시오 ---- 216
경제활동은 어렵다 ---- 220
홍차를 주문하는 방법 ---- 224
책 상자의 법칙 ---- 228
부호의 길 ---- 232
독자로부터의 편지 ---- 236

일회성 비만

글자를 쓸 수가 없다

 수첩에 '務무'라고 하는 글자를 쓰려고 했더니 갑자기 멍해지는 것이다. 아무리 애써도 쓰는 방법을 생각해 낼 수가 없다. 한자로 장미薔薇나 양갱羊羹을 쓰려고 했을 때 쓸 수 없었던 적은 한 번도 없다.(이런 글자는 쓰려고 생각했던 적도 없었지만.)
 한자를 쓸 수 없을 때는 부득이 히라가나를 쓰고 있다. 요전에는 히라가나의 'ネホ'를 쓰는 방법이 생각나지 않았다.
 이런 일은 초등학생 이후의 경험이다. 혹시 내가 도로 젊어지고 있는 것일까? 최근 글자를 쓰는 것은 컴퓨터에 의지하고 있다. 무엇이든 기계에 맡기고 있으면 인간의 능력은 퇴화하는 것이다.
 생각해보면, 지금은 개찰부터 지그재그로 박음질하는 것까지 거의 기계에 맡긴다. 현재 전기밥솥을 사용하지 않고 밥을 짓는 사람이 몇 사람이나 있을까? 또한 자전거를 사용하지 않고서 자전거를 탈 수 있는 사람이 과연 몇 사람이나 있을까?
 위기감을 품은 나는 조교에게 경고했다.

"그렇게 컴퓨터만 사용하고 있으면, 글자를 쓸 수 없게 될 거야. '장미'를 한자로 써 봐."

"쓸 수 없습니다."

"봐라, 벌써 징후가 나타나고 있어. 그러다가는 결국 히라가나의 '네'도 쓸 수 없게 된다구."

조교의 얼굴에 불안한 빛이 보였다. 신기한 현상이다.

나는 그저 '기계 의존 행위에 관한 위험성'을 설명했을 뿐이다. 그런데도 조교는 걱정스런 얼굴로 듣고 있다. 한 번도 졸지 않는다. 분명히 감명을 받고 있는 증거다. 설명이 끝났을 때 조교가 말했다.

"그거……. 선생님의 치매가 시작된 것 뿐 아닐까요?"

"뭐, 뭐라고? 이 나이에 치매가 시작될 이유가 없다. 그 이유로 첫째, 이런 현상은 꽤 오래 전부터 나타나곤 했다."

"전부터도 돈이라든가 서류의 존재를 잊어버리곤 하셨죠. 하지만 최근에는 잊어버리는 정도가 좀 심하지 않습니까. 걱정입니다."

"잊어버려도 상관없는 건 쉽게 잊을 수 있게 됐어. 자네의 이름을 기억하고 있는 것이 불가사의할 정도로 말이야."

"일전에도 수업시간에 돋보기를 잊으셨었죠?"

"그런 기억은 없어."

"하지만 어떤 학생이 말했어요. 교수님이 강의실에 들어오셔서 '돋보기를 잊고 왔는데, 누구 혹시 돋보기 갖고 있나?' 하고 말씀하셨다고……."

"그래, 요즘 학생들은 돋보기도 갖고 있지 않은가 하고 한심스런 기분이 들었었지."

"바로 며칠 전 일입니다. 잊어버리는 것이 너무 빠르다고 생각되지 않으세요?"

"잊을 때는 2초로도 충분해. 아까도 엘리베이터에 탔을 때 멋진 아이디어가 떠올랐어. 그런데 버튼을 누를 때 완전히 잊어버리고 말았다구. 타서 버튼을 누를 때까지의 겨우 2초 동안에 깨끗이 잊어버렸지. 치매라면 이렇게 빨리 잊을 수 있을 리가 없지."

"별 볼일 없는 아이디어를 2초씩이나 기억하고 있었다는 것도 이미 손해 같은데요?"

"어째서 별 볼일 없다고 단정할 수 있지? 나는 멋진 아이디어에 한해서만 잊어버리는 편이야. 언제까지 운이 없을 것인가! 자네라면 한번 잊었던 것을 다시 떠올릴 수 있나?"

"제가 그걸 어떻게 떠올리겠어요?"

"봐. 그렇다면 자네도 치매상태가 나랑 같잖아."

"선생님 말씀하시는 것 자체가 이미 상당한 치매 같네요. 최근 회의에서도 참석자들을 웃게 만드셨다면서요?"

"누구한테 들었어? 졸았던 거 말이지?"

"그거 아닌데요."

"졸고 있을 때 갑자기 지명 당해서 엉뚱한 발언을 한 거 말고?"

"그런 적도 있었습니까? 아닌데요."

"그 이외에 제정신일 때 엉뚱한 발언한 적은 없는데……"

"그 밖에는 생각나는 일 없으세요?"

"회의 도중에 자료를 회수할 때인가……. 한 사람 분의 자료가 회수되지 않아 모두가 찾아보고 있었지. 내가 '항상 이런 부주의한 인간이 있기 때문에 회의가 오래 걸리는 거야. 누구야! 그 바보 같은 사람이.' 하고 생각하고 있을 때……."

"그 바보 같은 사람이 바로 선생님이셨군요?"

"바보라고 표현하고 싶다면 맘대로 해. 하지만 이렇게 잊고 싶은 것도 기억해내잖아. 그러니 노망이 났을 리 없어."

"그렇게 말씀하고 싶다면 하세요. 그렇다 해도 그런 일이 있었는지는 미처 몰랐네요. 어쨌거나 이제부터 새로운 이야깃거리가 생겼습니다."

서튼 일

예전에 교수 두 명과 학생 열 명 정도가 함께 커피숍에 갔던 적이 있다. 웨이트리스는 우리들이 차례로 주문하는 것을 메모도 하지 않고 듣고 있었다. 이쪽이 불안해질 정도로 아무렇지도 않은 모습이었다. 하지만 잠시 후, 웨이트리스는 주문한 것을 빠뜨리지 않고 가져왔다. 놀랄만한 기억력이다. 학생들이 가게를 나온 지 1분이면 교수에게 얻어먹은 것을 잊어버리는 것과는 아주 다르다.

지난번에 갔던 커피숍의 웨이터는 예전의 모범적인 웨이트리스와는 대조적이었다. 우선, 한산한 가게 안을 걸어서 주문받으러 올 때의 움직임이 느렸다. 데리야끼치킨샌드위치와 홍차를 주문했지만 주문받는 모습을 보고 내 가슴에 의문이 싹텄다. 주문을 기억하는데 역대 수상 이름을 암기하는 것처럼 노력하고 있는 기색이 역력했던 것이다.

3분 정도 기다렸을 때, 웨이터가 와서 "주문하신 것은, 홍차와 데리야끼치킨샌드위치였습니까?" 하고 물어왔다. 스스로 주문을 분명히 기억하고 있지 않다는 것을 알아차리는 데만도 3분이나 걸리다니……, 나의 의심은 확신으로 바뀌었다. 다만 자신의 기억이 불확실하다는 것을 알아차린 것과 함께 주문한 사람이 나라는 것을 기억해 준 것이 불행 중 다행이었다.

잠시 후에 홍차가 나왔다. 나온 것이 커피나 곰 인형이 아니었던 것이 기적처럼 생각되었다. 포트에 들어있는 홍차를 컵에 따라 천천히 마시면서 샌드위치가 제대로 나오기를 기도했다.

얼마 후에 기다리고 기다리던 샌드위치가 주방에서 나와 카운터 위에 대기 중이었다. 나의 눈과 입은 데리야끼치킨샌드위치를 환영할 준비에 들어갔다. 그러나 옆에 멍하니 서있는 웨이터는 샌드위치를 알아차리지 못한 모양이다. '빨리 알아차려!' 하며 마음을 보냈지만 옆에 놓여있는 샌드위치를 알아차리지도 못하는 주제에 남의 마음속 따위를 눈치챌 리가 없다.

신사 같은 태도를 유지하기 어려워졌다. 신사이기를 포기하고 큰 소리로 알리려고 결심했을 때, 웨이터가 드디어 샌드위치를 보았다. '신사'를 유지하기 잘했다. 샌드위치가 천천히 쟁반 위에 놓여지는 것을 보고 나의 위胃는 데리야끼치킨샌드위치 맞이할 태세를 정비했다.

마침 그때 두 사람의 손님이 들어왔다. 운 나쁘게도, 웨이터는 샌드위치를 카운터에 되돌렸다. 손님자리에 물을 가지고 가서 두 명의 주문을 주의 깊게 듣고 카운터로 되돌아갔다. 여기에서 다시 3분 후에 주문을 확인하러 가는 것은 아닌가 불안했지만, 기적적으로 주문을 전달하고 전표에 쓴 후 샌드위치를 쟁반에 올렸다.

가지고 오는 동안 새로운 손님이 오지 않도록 기도한 보람이 있어서 샌드위치는 무사히 도착했다. 그런데 포트의 홍차도 식고 너무 우려져서 떫은맛이 났다. 처음에는 분명 따뜻하게 태어났을 샌드위치도 차가워지고, 빵은 데리야끼치킨의 즙을 흡수해서 눅눅했다. 데리야끼샌드위치를 계속 기다리고 있던 내 위는 확실히 실망한 기색이었다.

식사를 마치고, 만족할 수 없었던 나는 와플로 위를 달래주기로 했다. 멍하니 서 있는 웨이터에게 주문이 있다는 것을 알아차리게 하는데 3분, 주문을 전달하고 웨이터가 카운터로 돌아가는데 2분 걸렸다. 그리고 3분 후 웨이터가 빈손으로 와서 내게 말해주었다. "미안합니다. 지금 와플이 다 떨어졌습니다." 내 방식대로의 계산이라면 그는 '와플을 만들 수 없는 것'을 깨닫는데 3분이나 걸린 것이다.

결국 웨이터의 부주의로 몇 분을 헛되이 보냈다. 그러지 않아도 나는 매일 몇 시간이나 헛되이 보내고 있다. 되도록 헛되지 않게 척척 해주었으면 좋겠다. 요령이 너무 없다. 어쩌면 이 남자는 웨이터라는 일에 서툴지도 모른다.

하지만 생각해보면 나의 아내는 주부라는 일이 서툴고 학생은 공부가 서툴다. 나는 가르치는 것, 에세이를 쓰는 것, 철학, 책장 수리, 남편으로서의 일이 서툴다. 조교의 일이 무엇인지 모르지만 그것이 무엇이든 조교는 그것이 서툴다. 내 주변에는 애초부터 일을 하는 것 자체가 서툰 사람밖에 없다. 이런 사실에 생각이 미치지 못했다면, 웨이터 청년에게 질렸을 것이다.

한 집에 열 권씩, 츠지야의 신간을

졸작 『당신이 몸소 자진해서 웃어라』가 발매되었다. 불행하게도 발매 당일부터 올림픽 개막, 태풍, 스모 결승전에 휩쓸려 처음부터 무언가에 차이는 꼴이다. 앞으로도 올림픽 폐막, 일본시리즈, 체육의 날, 크리스마스로 연거푸 이런 일들이 이어질 것으로 예상된다.

학생들도 지금은 시험 시즌이기 때문에 책을 살 여유가 없다. 시험이 끝나면 해방감에 들떠 책을 사지 않을 것이다. 학생에게 물어보면 "사고, 사지 않고는 시험과 관계가 없습니다."라고 단언한다. 그리고 "신간 출판 기념으로 무언가 기념품을 받을 수 있습니까?" 하고 기대를 표명한다.

나는 내 책에 자신감을 갖고 추천할 수 없는 약점이 있다. 하지만, 학생이라면 교사의 약점을 덮어주고 적극적으로 사도 좋을 것 같다. 내가 본래 학생 운이 없는 타입인 것을 알 수 있을 것이다.

나의 책이 팔리기까지에는 여러 가지 장애가 있다. 원고를 쓴 사람이 나라고 하는 사실이 이미 장애가 되고 있다. 쓴 사람이 스티븐 호킹이나 예수 그리스도라면 내용을 읽지 않고 사는 사람만으로도 상당수를 넘을 것이 틀림없다.

출판사도 장애가 되고 있는 것처럼 생각된다.
나를 다루는 것이 인기작가와는 크게 다르다는 것이다. 내가 인기작가와 어디가 다르다고 하는 것인가? 사실 내용과 문장을 제외하면 이름 정도밖에 다르지 않을 것이다.
그런데도 발행부수나 광고에 차이를 두고 있는 것이다. 편집자에게 항의했다.
"회사의 목숨을 걸고, 나의 책 광고에 1억 엔 정도 쏟아 부으면 2백 부는 판매가 늘어날 거라고 생각합니다. 아마도……."
"그렇게 돈을 들일 정도라면, 저희 쪽이 그냥 2백 부 사겠습니다."
'됐다! 이걸로 2백 부 팔았다. 2억 엔 걸었으면…….'
"그런데 지금 근본적인 착각을 하고 계시지는 않나요? 창고에 있는 것은 우리가 사들일 것과 같은 것입니다. 그 수는 2백 부 정도가 아닙니다."
이것으로 이해가 되었겠지만, 나는 출판사 운도 없는 타입이다.
서점도 장애가 되고 있다. 나에 관한 인터넷 게시판에는 나의 책을 입수한 힘겨운 이야기가 올라와 있다.

"소형서점에 갔지만 놓여있지 않았다."

"대형 서점에서 점원이 '없습니다.'라고 말했지만 눈에 띄지 않도록 놓여 있었다."

"어디에 놓여 있는지 알기 어려웠다.(철학서 코너 등)"

"점원에게 끈질기게 캐물어야 비로소 꼭대기에서 책을 꺼내주었다."

"'사시겠습니까?' 하며 계산대 앞에서 후회하는 일이 없도록 확인시켰다."

나의 책이 그만큼의 노력을 들여야 살 수 있는 책이라서 좋았다. 적어도, 그렇게 꼭 그렇다고 확신할 수 있을 정도의 독자라서 다행이었다.

단지, 고생담이 너무나도 과장된 것이 신경이 쓰인다. 정말로 구입했다면, 고생을 고통스럽게 느끼지 않았어야 한다. 이렇게 의심하면서 "나의 책을 사는 것이 그렇게도 힘든가?" 하며 끈덕지게 캐물으면, "반품하는 것이 더 힘든 편이다."라고 하는 답변이 되돌아 온다. 이러한 부류가 '샀다.'고 말해도 무엇을 샀는지가 수상스럽다. 나의 책을 산다기보다 먼저 서점이 판다고 밖에 생각할 수 없는 부류이다.

책을 쓰는 사람에게 '독자 운이 없는 타입'이 있다고 한다면 그것은 바로 나다. 개중에는 나의 책을 사는 것이 창피해서 점원과는 눈도 맞추지 않고 책을 뒤집어서 계산대에 올려놓는다고 하는 사람까지도 있다. 어째서 내 책을 사는 것이 그토록 창피스러운가.

내가 맛보고 있는 부끄러움에 비한다면 당연히 아무것도 아닐 것이다. 사는 것조차 부끄러울 것 같은 책을 본명으로 출판하는 것 자체가 그 책을 사는 것 보다 열 배는 부끄러울 것이다.

더우기 그러한 책을 쓴 본인이 직접 계산대에 가지고 가는 신세가 되어보라.

계산대의 점원에게 "같은 책을 세 권이나……. 괜찮으시죠?" 하고 확인 받은 적이 있는가? 한 권이랑 세 권도 구별 못하는 사람처럼 여겨지면서까지 자신의 책을 사보라. 그것을 하루에 두 번씩 사흘을 계속한 후에 점원이 "츠지야 씨죠?" 하며 말을 걸어오면 어떤 기분이 될지 상상이나 가는가?

나의 책을 서점에서 샀다고 제자인 사이몬 후미*에게 말했더니, 그녀는 "네? 본인이 직접 샀다고요?" 하고 놀라며 전신의 지방을 흔들면서 웃었다. 폭소를 터뜨릴 거라고는 생각도 못했다. 나에게 이렇게 유머감각이 있는 줄은 몰랐다.

어쨌든 장애 투성이다. 팔릴 기미가 없다. 신이 나에게 시련을 주는 것으로 밖에는 생각할 수 없다. 어쩌면 신神 운도 없는 타입일지 모른다.

―
사이몬 후미 : 유명 드라마 '동경러브스토리' 의 원작 만화 작가.

모사某社 편집부 토미오카 씨

전화로 재촉하는 목소리를 들을 때가 왔습니다. 말씀드리기 어렵지만, 약속한 일은 아직 하지 못했습니다. 깊이 사과드립니다. 건강상태는 어떠십니까. 저번에 저 때문에 몸 상태가 안 좋으시다고 하셨는데 걱정이 돼서요. 그때 강력하게 권했던바 대로 장기휴가를 내서 요양하시는게 어떨는지요.

최근 저도 전화가 울릴 적마다 마음이 편하지 않고 컨디션도 엉망입니다. 약속드린 일도 손에 잡히지 않습니다. 전화번호도 바꿀까 생각 중입니다.

그렇지 않아도 편집자한테 오는 전화 때문에 마음이 놓이지도 않고요. '마감일은 신경 쓰지 마시오.'라든가 '하와이 여행에 당첨되었습니다.'라며 잘못 걸려온 전화도 없습니다.

가끔씩은 잘못되어도 좋을 것 같은데 말입니다.(인간으로서 잘못을 할 수 있기 때문에……. 일단 저와 약속을 한 것이 잘못이지 않을까요?)

편집자의 전화는 보통 '좀 있으면 마감이다.', '오늘이 마감이다.', '어제가 마감이었다.' 등이죠. 과거·현재·미래형의 문장을 입맛대로 사용하는 것이 그렇게도 기쁘십니까?

문장을 쓰는 것은 기계적인 작업이 아닐뿐더러 내용이나 표현을 발견해나가지 않으면 안 됩니다. 이러한 일에 마감일을 설정하는 것은 무의미합니다. 만약 발견이라고 하는 것이 일 분에 한 개의 페이스로 할 수 있는 것이라면 '이런 거라면 낮잠을 자더라도 다섯 시간에 세 개는 할 수 있다.'고 계산할 수 있겠지만 발견은 정해진 페이스대로 되는 것이 아닙니다. "몇 월 며칠까지 발견해라!"라고 과학자에게 말할 것인가요?

'이번 같은 번역 일에 발견은 필요치 않다.'고 생각하실지도 모르지만, 그것도 적절한 번역어를 찾아내기 위해 잡다한 방에서 책이나 사전을 뒤지지 않으면 안 됩니다.

그런데도 건강을 해치면서까지 화를 내는 기분을 압니다. 분명히 여름방학 전 "무사는 두 말 하지 않습니다. 여름방학 중에 끝내고 이번에야말로 단번에 전하겠습니다." 하고 약속했었습니다. 그리고 그 약속을 지키지 못했습니다. 그러나 엄밀하게 생각해보면 이 사실로부터는 기껏해야 '츠지야는 무사가 아니다.'라는 결론밖에 나오지 않습니다.

실례입니다만, 지금까지 편집자를 자칭하는 사람이 인격자였다는 선례가 없습니다. 이 점은 철학자와 같습니다. 약속을 지킬 수 없었던 인간을 엄하게 혼낼 자격이 있는지 없는지 함께 반성하고 싶은 사람입니다. 나는 아무리 생활이 곤란해도 타인의 잘못을 질책하는 인간만은 되고 싶지 않습니다.

　내가 질책받는 것은 어쩔 방도가 없습니다.

　어쨌든 여름방학 전의 약속을 망가뜨리고 나서도 이미 2년 이상 지났습니다. 그런데도 과거의 잘못을 몇 번씩이나 질책하고 언제까지나 용서하지 않으려고 하는 것은 마음이 너무 좁으신 것 아닙니까?

　나는 봄방학이나 여름방학마다, 즐거워야만 할 방학 내내 피나는 노력을 해서 겨우 '약속을 잊어버리는 것'에 성공한 것입니다.

　유감스럽게도 불행을 피하기 위해서는 잊을 수밖에 없습니다. 그런 것쯤은 충분히 잘 아실 거라고 생각됩니다. 그렇다면 "잊으면 안 된다."고 집요하게 나무라는 것은 나으려고 하는 상처를 더 악화시키려는 행위라고 하는 것도 분명히 알 것입니다. 성실한 사람이라면 자신도 한몫하여 불행한 사태를 잊으려고 해야 하지 않겠습니까?

　저는 평화롭게 지내는 것만을 염원하는 인간입니다. 신부도 아닌 나 같은 인간에게 죄의식을 갖게 하는 것이 그렇게도 재미있습니까?

　저는 주위로부터 죄인 취급을 계속해서 받아 왔기 때문에 언젠가부터 스스로 죄 많은 인간이라고 생각하게 되었습니다. 얼마 있지 않아 출가할지도 모릅니다.(주변에서는 다들 출가하기를 기다리고 있습니다만 사실 그럴 마음은 눈곱만치도 없습니다.) 만약 출가하게 되면 나를 출가하도록 내몬 인간들의 불행을 빌면서 여생을 보낼 생각입니다.

제멋대로 썼습니다만 부탁이오니, 저를 나무라지 말아 주십시오. 저에게도 책임의 일부는 있습니다. 그렇지만 상대를 나무라는 태도를 버리고 손에 손을 맞잡고 함께 고난을 극복해나가시지 않겠습니까?

이 지면을 읽은 수십 명의 독자 앞에서 약속합니다. 저는 무사는 아니지만 남자입니다. 연내에는 꼭 끝내겠습니다. 아무쪼록 건강하시길 바랍니다. 총총…….

편집자로부터의 전화

 수화기를 들었더니 "여보세요?" 하며 쉰 목소리가 흘러 나왔다. 성실한 인간의 목소리는 아니다. 나쁜 것이 신체인지, 마음인지, 성격인지는 정확히 모르겠지만 올바르지 않은 것만은 확실하다. 성실한 생활을 보내지 않았다는 것은 목소리를 듣는 것만으로도 얼마든지 알 수 있다.
 나는 목소리를 한 옥타브 높여서 응했다.
 "지금 거신 전화번호는 현재 사용되지 않······."
 "계신 거 다 압니다. 무슨 용건인지 아시죠?"
 "아, 드디어 장기요양하십니까? 회복을 빕니다."
 "능청 떨지 마십시오. 약속하신 일은 하셨겠지요?"
 "그게······. 음······. 뭐라고 표현하면 좋을까. 적당한 말이 떠오르지 않습니다만······."
 "표현의 문제인 것입니까?"
 "어떤 의미로는 기대하신 것에 부응하지 못했다고도 할 수 있고, 다른 의미로는 기대하신 대로라고도 말할 수 있고…….”
"분명히 말하지 못하는 걸 보니 하지 못하셨군요."
"역시 완성하지 못할 걸로 기대하고 계셨군요. 다행이네요. 잠깐 동안 어떻게 말해야 하나 고민했어요."
"그런 기대를 할 리가 없지요. 이제 어떤 기대도 하지 않게 되었어요."
"그래요? 그걸로 좋습니다. 꽤 인간적으로 성장했군요."
"농담하지 말아 주십시오. 정말로 하지 못하셨습니까?"
"유감이지만 정말입니다. 지금만큼이나 내 자신이 거짓말쟁이였으면 하고 생각했던 적은 없었습니다."
"하지만 여름방학 전에 맹세하지 않으셨습니까? '이번에야말로 여름방학 중에 완성한다.' 맹세하고서는……. 여름방학 동안 뭐 하셨습니까?"
"정말로 내가 생각해도 내 자신이 어떻게 됐다고 생각합니다. 착란상태였다고 밖에는 생각되지 않습니다."
"하지만 여름방학 내내 착란상태는 아니셨겠죠?"
"아뇨, 착란상태였던 것은 여름방학 전에 약속했을 때죠."
"저야말로 착란상태가 될 것 같습니다. 어느 정도 남아있습니까?"
"3분의 1정도입니다."
"예? 여름방학 전에는 4분의 1정도 남았다고 말하셨는데 어떻게 더 늘어난 겁니까?"
"혹시 내게 초능력이 있는 것인지도 모릅니다."

"그럴 까닭이 없죠. 장기요양하고 싶어졌습니다."

"드디어 그런 심경이 되어 주셨습니까? 뭐라 해도 건강이 제일이죠. 장기요양으로 몰아넣은 원흉은 누구라고 생각하고 있습니까? 혹시 원흉 중에 저도 들어있습니까?"

"원흉의 전부입니다."

"네― 그렇군요. 저도 장기요양하고 싶어졌습니다. 처음으로 의견이 일치했습니다."

"일치했다니요. 도대체 여름방학 동안 무엇을 하셨습니까?"

"'무엇을 했는지' 하고 묻는 것보다 무엇을 하지 않았는지를 물어보는 편이 대답하기 쉬운데……."

"아무 이유도 없이 그냥 일을 하지 않은 겁니까?"

"아무 이유도 없이 생기는 일이 무수히 많았습니다."

"그런 변명이 세간에 통용된다고 생각하십니까?"

"생각하지 않습니다. 세간에는 편견이 가득하니까요."

"부탁이니까 지금은 편견과 싸우지 말아주십시오."

"정말로 후회하고 있습니다. 여름방학 내내 신변에 불행한 일들이 계속되었다고 말해도 통용되지 않을 거고, 아프다고 하는 것은 전부터 통용되지 않았고, 장염으로 장기간 입원이라도 했으면 좋았을 텐데 그것 역시도……."

"어째서 도망갈 생각만 하십니까?"

"아닙니다. 변명이 생각나지 않기 때문에 곤란해하고 있습니다. 잔꾀가 아니라 분명히 인정합니다. 변명의 여지가 없습니다. 사실은 며칠 동안 너무나도 죄송해서 이렇게 되면 토미오카 씨를 죽일 수밖에 없다고까지……. 괴롭지만 토미오카 씨는 이제 살 날도 얼마 남아 있지 않았고…….”

"그만! 그만하십시오. 내가 그렇게 나쁩니까?"

"물론 나쁜 것은 토미오카 씨 뿐만이 아닙니다. 토미오카 씨를 죽인 다음에 저도 죽을 생각이었습니다. 아내랑 조교랑 그 밖의 편집자들도 죽었으면 했습니다."

"당치도 않은 말씀은 삼가주십시오. 그러한 각오를 일에 쏟으실 수는 없습니까?"

"올해 안으로 반드시 완성하겠습니다. 이번에야 말로 목숨 걸고 하겠습니다. 기필코 저랑 토미오카 씨의 목숨을 담보로 할 작정입니다."

참 인간의 길

 나는 아침형 인간이다. 내 하루 일과 중 가장 생산적인 일은 대부분 오전 중에 끝내고 있다.
 이렇게 말하면, 친구는 "네게 가장 생산적인 일은 뭔데?"라고 묻는다. '수면'이라고 대답하면 친구는 "그러면 아침형 인간이라고 할 수 없다."고 말하며, "상식이 부족하다. 언어능력이 없다."고 비난한다. 나는 "일전에 빌려간 만 엔과 CD 되돌려 줘."라고 말했다.
 나를 올빼미형 인간이라고 주장하는 친구를 나는 용서했다. 인간에게는 두 가지 종류가 있다. 올빼미형 인간과 타인을 비난하는 인간이 그것이다.
 지난번에 나는 친구가 말한 아침형 인간이 되려고 결심했다. 옛날에 나는 밤이 되지 않으면 일을 할 수 없다고 생각하였다. 얼마 지나지 않아 밤에는 일이 될 수 없다는 것을 알게 되었지만, 척척 일을 할 때보다도 일을 할 수 없는 편이 쾌적하기 때문에 그 상태를 유지하기 위해 노력해왔다.

하지만 일부 냉정한 사람으로부터 "마감일을 지키시오." 하고 계속 협박받은 결과, '일이 되지 않는 상태'는 '일을 잊어버리려고 노력하는 상태'로 바뀌어버렸다. 종국에는 어떻게 할 도리가 없게 되어 어떻게든 하지 않으면 안 된다는 생각에 '진실한 인간으로 다시 태어나, 오전 중에는 반드시 일을 하겠다.'고 다짐하며 괴로움 속에서 약속하는 것이다.

물론 아침형 인간이 되어봤자 진실한 인간으로 변한다는 보장도 없고, 내가 마감일을 지키게 된다는 보장도 없다. 과학적으로 봐도 아침형 생활이 건전하다고 하는 증거도, 당연하다고 하는 증거도 없다. 아울러 내가 아침형 인간이 된다고 아내의 성격이 개선된다는 보장도 없다.

주위를 둘러봐도 저녁형 인간들 중 제대로 된 인간은 없다. 분명 아침형 인간도 제대로 된 인간은 없지만……. 내가 아침형이 된다면 아침형 최초의 성실한 인간이 될지도 모른다.

어떤 친구가 마셔보라며 멜라토닌을 주었다. 멜라토닌은 수면 리듬을 정돈시키는 뇌 속의 물질인데 시차로 인해 멍청해지는 것을 치료하는 효과가 있다고 했다.

이 남자는 신뢰성이 아주 결여되어 있기 때문에 같은 레벨의 또 다른 신뢰할 수 없는 선배에게 멜라토닌에 대해 물어봤더니 똑같은 대답을 하였다. 신뢰할 수 없는 두 명의 인간이 입을 모아 주장하는 것이다. 더욱 믿을 수 없다. 우연히 읽은 잡지에도 같은 것이 쓰여 있었다. 잡지까지도 믿을 수 없다. 해로움은 없는지 친구에게 물었더니 체내에서 분비된다는 점에서는 담즙·위액·콧물과 같은 부류로 명확한 해로움은 확인되지 않고 있다고 했다. 특히 나의 경우, 내가 어떻게 되어봤자 사회에는 아무런 손해도 없을 거라고 한다.

보통의 경우라면 정말로 마실 기분이 아니겠지만, 마침 나는 독촉받고 있는 일에서 도망칠 수만 있다면 어떻게 되어도 좋다는 심경이었기 때문에 지푸라기라도 잡는 생각으로 마셔보기로 했다. 지금까지도 아내가 만든 것은 무조건 먹고 있기 때문에 무엇이 들어있는지도 모른 채로 입에 넣는 것에 익숙해져 있다. 또, 친구가 준 약은 멜라토닌 병에 들어 있었지만 만약 비아그라였다면 덕을 볼 것이다.(청산가리일지도 모르지만)

확실하게 하기 위해 멜라토닌 병에 친구의 이름을 써 놓고 마신 결과 비아그라가 아님을 알았다. 효과 면에서는 멜라토닌이거나 청산가리이다.

그 효과는 강력했다. 놀랍게도 새벽 1시경에 잤는데도 아침 8시에 자연스레 눈이 떠졌다.

'이것으로 참인간이 되었다.'고 생각하면서 아침 식사를 하고 오전 9시부터 12시까지, 또 오후 6시부터 10시까지 잤다. 그 이외의 시간은 눈을 뜨고 잠드는 상태였다. 친구에게 물었더니 "하루 종일 잠들어 있는 것이 너의 수면리듬이다."라고 말한다.

이 남자를 믿은 것이 실수였다. 조사해보니 내가 마신 3mg의 정제는 중증용 타입이었다. 게다가 임신 중이나 영유아가 있는 여성이나 임신을 예정하고 있는 여성 등은 복용해서는 안 된다고 한다. 위험한 상황이었다. 내가 그러한 여성이 아니라고는 딱 잘라 말할 수 없다.

다음 날부터 마실 양을 절반으로 했더니 열흘 만에 생활이 일변했다. 오전 중에 푹 잠들어 있을 때와는 대조적으로 오전 내내 졸음과 싸워야 하는 습관이 붙었다. 졸음에 져서 꼭 한 시간 동안 잠들어 버리지만 그 대신 오후의 낮잠이 두 시간으로 끝나버렸다. 일에서도 졸음과 싸우는 것만으로도 버거워, 일을 잊어버리려고 하는 노력도 필요 없어졌다.

이런 것이 아침형 인간이라면 참인간으로서 살아갈 수 있을 것 같다.

윙윙거리는 PC

 최근 정보기기를 사용하는 사람이 늘어났다. 나는 이제 막 사용하기 시작한 신참자들과는 다르다. 자랑은 아니지만 20년 전 퍼스널 컴퓨터가 아직 마이콘이라고 불렸던 때부터 나는 계속해서 정보기기를 사용해 왔다.
 다만 20년 전의 마이콘이 정보기기라는 인식이 나에게는 없었다. 확실히 알았던 것은 시간을 빼앗고, 정보와는 아무런 관계도 없다는 점이었다.
 당시 나에게 마이콘이라는 것은 악전고투의 대상이었다. 그 점에서 나는 주변의 사람과 같았다. 단지, 불평을 하지 않는 것만으로도 마이콘은 다루기 쉬운 상대였다.
 마이콘이 컴퓨터로 진화했을 때에도 나는 계속해서 사용해왔다. 새로운 기종이나 소프트웨어가 나올 때마다 사용법을 연구했지만, 컴퓨터는 생각대로 움직이지 않았다. PC 상태가 나빠지면 막대한 시간을 들여서라도 원인이 무엇인지 끈질기게 찾았다. 그리고 그것에 만족하지 않고 A/S센터에 몇 번이나 문의 전화를 걸어보았다. 그 결과 어디로 걸든 담당자와 전화가 연결될 수 없는 구조로 되어있다는 것을, 많은 시간을 소비하고 나서야 알게 되었다.

상태가 좋지 않은 PC와 계속해서 투쟁한 결과, 요즘에는 PC가 일주일 정도 순조롭게 작동하면 무언가 안 좋은 일이 일어나는 것은 아닌가 하는 불길한 예감을 품을 정도까지 되었다.

요즘도 컴퓨터의 전원을 켜면 10분간 '웅~' 하고 소리를 낸다. 고장 난 TV가 소리를 내는 것과는 차원이 다르다. 소리가 크고 고민이 있는 듯하다. 마치 나의 모습을 보고 있는 것 같은 기분이 든다.

추격하는 것처럼 아내가 "시끄러우니까 컴퓨터를 빨리 꺼."라고 불평을 한다.(불평을 하는 쪽이 훨씬 더 시끄럽다.)

언제 또 다시 고장이 난다 해도 이상하지 않을 만큼의 소리다. 컴퓨터가 먼저일까 내가 먼저일까 하는 상태이다. 컴퓨터가 고장이 나면 원고를 쓸 수 없게 된다. 걱정과 기대가 교차하고 있는 사이에 고민의 목소리는 계속해서 더욱 더 커지고 오랫동안 지속되더니 결국 끔찍한 일이 벌어졌다. 프린터가 고장 난 것이다.

뜻밖의 복병이었다. 컴퓨터 본체에 정신을 뺏겨 프린터에 문제가 있는지는 생각하지도 못했다. 이것들이 짜고 교란작전을 펼치는 건가?

처음에는 종이가 말릴 뿐이었다. 그런데 종이를 빼려고 프린터 속을 열고, 종이를 무리하게 잡아 뺐더니 종이 자투리가 기계에

꺼버렸다. 종이의 일부분만 남게 되자 아무리 해도 꺼내지지 않게 되어버렸다. 전화로 방법을 물어봤더니 수리센터에 부탁해서 꺼내는 수밖에 없다고 한다. 출장수리를 하면 비용이 신제품 가격의 절반 정도 든다고 한다.

내 머리가 20분간 풀 회전을 하고 나서야 무리를 해서라도 내가 종이를 꺼내는 편이 낫겠다는 결론에 이르렀다. 안의 부품들을 끌어내고 둥근 고무·핀셋·드라이버·펜치 등 모든 수단을 동원해서 2시간가량 프린터와 격투한 결과 종이를 제거하는데 성공했다. 이번에는 억지가 통했다.

하지만 PC에 접속해서 인쇄하려고 했을 때 억지가 통하지 않음을 알았다. 접속을 확인하고, 몇 번이고 신중하게 고치고 프린터에 기도까지 했건만 도무지 움직여 주질 않는다. 마치 아내의 모습을 보고 있는 듯…….

종이가 말려 있는 채로 놔두었으면 좋았을 걸, 완전히 고장 나버렸다. 이렇게 되면 수리하는 것보다 새 프린터를 사는 편이 싸게 먹힌다. 내 머리는 또다시 30분 간 풀 회전하고 나서 사는 편이 득이라는 결론에 이르렀다.

프린터를 사러 갔더니, 내가 구하고 있던 가장 싼 기종은 가게에 없고 주문을 해야 한단다. 마치 내 책의 운명을 보고 있는 듯 했다.

이 경험을 통해 나는 귀중한 교훈을 얻었다.

① 정보기기는 억지를 부리면 부릴수록 사태가 악화된다.

② 억지를 부리지 않아도 사태는 악화된다.
③ 정보기기는 반드시 고장이 나며, 고장이 나게 되면 절대 고쳐지지 않는다.
④ 정보기기나 인간은 아무리 경계해도 지나치지 않다.
⑤ 프린터를 바꾸어도 PC 본체의 소리는 꺼지지 않는다.
⑥ 어쩌다 PC 소리가 멈춰도 아내의 불평은 멈추지 않는다.
⑦ 일시적이라도 소리나 불평을 멈추게 하려면 돈이 든다.
⑧ 만일 아내의 불평이 영원히 멈춘다면 PC를 마주보며 살아야 할 필요는 없게 될 것이다.

남의 불행을 보고 웃지마라

 혼히 '고통이 있으면 즐거움도 뒤따른다.'고 하지만 현실적으로는 불행에 처하게 되면 점점 불행하게 되는 경향이 있는 듯하다.
 만약 누군가가 파산을 하게 되면 아무도 돈을 빌려주지 않게 되고 상황은 점점 더 악화된다. 여자에게 계속해서 차이게 되면 큰 결점이 있는 것은 아닌가 하고 의심받게 되고 점점 더 상대해주지 않는다. 또 내가 아는 어떤 사람처럼 머리숱도 적어지고, 과도한 빗질과 염색약으로 대머리가 되어 버리는 경우도 있다.
 나는 불행한 경우에도 실패의 경험을 적나라하게 쓰고 있다. 불행한 인간에게는 동정이나 구원의 손길을 뻗쳐도 좋을 텐데 왠지 사람들은 내게 불행한 일이 일어나기를 기대하고 있다. 심지어, 불행한 일이 일어나지 않으면 납득하지 못하는 경우도 있다.
 처음 만나는 사람도 기대에 찬 얼굴로 "부인이랑 조교가 그렇게도 지독합니까?" 하고 물어본다.
 나는 인류의 행복을 염원하고 있는데 인류는 왜 나의 불행을 염원하고 있을까? 만일 내가 계단을 내려오다가 넘어질 듯 휘청거리면 따라오던 누군가는 뒤에서 슬쩍 밀 것이 분명하다.

전에도 엎드려서 컴퓨터 속을 들여다보고 있는데 연구실에 들어온 학생이 나를 보고 자지러지게 웃었다. 내가 머리를 털며 평소의 위엄을 되찾아도 웃음을 멈추지 않았다. 혹여 삼각김밥의 매실이 입술에 붙어 있었다 할지라도 독버섯이라도 먹은 것 같은 품격 낮은 웃음을 흘릴 필요까지 있었을까? 품격 높은 점잖은 은사가 먼지투성이가 되어 있다는 상황이 우스울지도 모르지만 학생이라면 "도와드릴까요?" 정도는 말할 수 있지 않은가? 적어도 내가 농담을 했을 때보다는 더 크게 웃지 않아도 될 일이었다. 분명히 말해두지만 나 역시도 불행이 즐거울 리는 없다. 매일 불행을 두려워하며 피하려고, 피하려고 하는 것이다. 그 노력도 허무하게 불행에 빠져 있는 나를 보고 왜 웃는가. 일전에 회의를 세 개나 끝내고 조교실에 갔다. 점심 먹을 여유도 없을 정도로 회의가 연속되는 하루였다. 조교실에는 케이크가 있었다.

교수들의 쌈짓돈으로 케이크를 산 것이었다. 돈을 낸 사람에게 먹을 권리가 있다는 것은 국민헌장에서도 보장하고 있다. 권리를 행사하기 위해 조교실에 들어갔더니 케이크가 놓여 있던 서고에서 학생 2명과 조교가 나왔다. 불길하게도 흡족한 얼굴을 하고 있었다. 수업 때에는 절대로 본 적이 없는 얼굴빛이다.

내 얼굴을 보며, 뭐가 그리 재미있는지 세 명은 큰소리로 웃으면서 제각기 "한 발 늦었군요.", "정말 맛있는 케이크였어.", "그런 케이크는 절대로 없을 거야." 한다.

무슨 일이 일어난 것인지 민감한 나는 금방 알았다.

"교수의 케이크를 먹었지? '이 시간에 교수가 와서 먹을 리는 없겠지.' 하고 생각하며 먹었겠지만, 다음부터는 조심들 하게. 헌데 그 불행한 교수는 누구지?"

"선생님입니다."

"뭐, 뭣! 나? 내 케이크를 먹었나?"

"선생님 것밖에 남겨져 있지 않았습니다. 드실 생각이셨습니까?"

"오직 케이크에 대한 기대로 회의 중에도 참고 견뎠다. 일벌레의 소유물을 일하지 않고 놀기만 하는 자네들이 왜 먹는가?"

"안 됐습니다. 아―하하하!"

"웃고 있을 때인가? 자네들에게는 죄책감이 없는 건가? 다른 사람의 물건을 훔쳐놓고, 게다가 피해자를 보고 웃는 것은 인륜에 어긋나는 행위야. 반성들 해!"

"아― 하하하!"

반성하라고 말해도 웃기 때문에 교육이 안 된다. 교육자로서의 자질을 의심받을지도 모르겠지만 나는 학생들에게 '교수의 잘못을 통해 가르치는 타입'이다. 만약 '권위로 학생을 인도하는 타입'이었다고 생각한다면 몸이 떨린다. 제발 케이크가 여학생들의 체내에서 효율적으로 지방화되기를 기원하는 수밖에 없었다.

"타인의 불행을 보고 웃는 것보다 먼저 자신의 불행을 보고 웃는 게 어때? 자네들이라면 얼굴에서도, 체형에서도, 체지방률에서도, 성격에서도, 지능에서도 영원히 웃음이 멈추지 않을 것이

네."

 만약에 질 나쁜 인간은 '이 놈 불행하니까 더욱 불행해져야 해.' 하고 생각할지도 모른다. 결심했다. 나의 불행을 이야기하는 것은 그만두고 행복한 일들만 이야기하기로 했다.

 2주일 후, 드디어 대망의 행복한 경험이 이루어졌다. 재빨리 학생들에게 말했다.

 "오늘 점심식사에 나온 데리야키치킨버거의 크기가 보통 때의 1.3배였다."

발전성 있는 언쟁

나는 전차에서 손잡이를 붙잡은 채 조용히 전문서적을 읽고 있었다. 확신을 갖고 말할 수 있지만, 그때 나에게는 어떤 과실이나 잘못도 없었다. 심지어 어떤 기품이 서려 있던 것 같았다. 전차 속에서는 과실이 없는데 비난 받거나 꾸중 듣는 일은 좀처럼 없다.

마음 편하게 전문서적을 손에 들고 깜빡 졸고 있던 찰라 "책으로 밀지 마, 이 놈!" 하는 성난 목소리가 들렸다.

무슨 일인지도 모른 채 눈을 떠 보니 재차 성난 목소리가 들려왔다.

"당신이야말로 등으로 밀고 있지 않나!"

내가 누군가를 책으로 밀면서 동시에 등으로 밀고 있나 하고 주위를 봤더니, 가까이서 50대 중년 남자와 30대 전후의 젊은 남자가 서로 덤벼들 기세로 화를 내고 있었다. 젊은 남자가 읽고 있는 책이 중년 남자의 등에 닿았던 것 같다.

언쟁은 계속됐다.

"당신이 책으로 밀고 있는 것이다!"

"당신이 등으로 밀고 있는 것이오!"

결말이 나지 않는 논쟁이 잠시 동안 계속되었다. 무모한 짓을 하고 있다는 것을 깨달은 중년 남자는 공격의 자세를 바꾸었다.

"자네는 책을 읽지 말게."

"어째서 읽으면 안 된다는 거요?"★

"복잡한 전차 내에서 책을 읽지 말라는 것이다."

"다들 읽고 있지 않나요? 그렇다면 모두에게 그렇게 말하시오."

"그렇기 때문에 당신에게 책을 읽지 말라고 하는 것이다."(★로 다시 돌아간다.)

음악의 달세뇨처럼 끝에 오면 ★로 되돌아가는 것을 반복하고 있다.

내가 전차에서 내릴 때는 다섯 번째의 반복에 들어갔다.

이 언쟁은 단순히 결말이 나지 않는 논쟁(도입부)으로 이어지고, 제2주제에 의해 반복(반복부)이라고 하는 구성으로 되어 있다. 음악적으로도 변화가 적고 장대한 카덴차*가 아니면 모양이 안 난다.

그러나 언쟁이 반복에 빠지기 쉽다는 것은 확실하다. 예를 들면

"책 읽지 말게."(이하 '이 놈!'을 생략)에

"책 읽고 있는 거 아니오. 그냥 손에 들고 있었을 뿐이오."라고 응수해도,

"그럼 들고 있지 말게."

"왜 들고 있으면 안 된다는 거요?"

"혼잡한 차내에서는 책을 들고 있지 말게."
"……"
똑같은 패턴으로 결말이 나고 만다. 다음 것도 반복의 예이다.
"책 읽지 말게."
"사람한테 명령하지 마시오."
"'명령하지 마시오.'도 명령이다."★
"아니오. 요구요."
"요구라면 더 정중히 부탁해!"
"그런 거 일일이 명령하지 마시오."(★로 돌아간다)
반복에 빠지는 예를 하나 더 들겠다.
"왜 읽으면 안 된다는 거요?"
"독서는 당신 때문에 안 돼. 무엇보다 당신이 읽고 싶어도 나 때문에 안 돼."
"당신 사정 같은 게 알게 뭐요. 거기다 나 때문에 될지 안 될지 당신이 알아요?"
"왜 그렇게 삐딱하게 구는 거야?"
"삐딱한 거 아니에요. 시끄러우니 그냥 가만히 내버려 둬요."
"그렇다면 당신도 책으로 밀지 말고 그냥 가만히 놔두게."
"그쪽이야말로 불평하지 말고 그냥 내버려 둬요."
"그쪽이야말로 내버려 두라고 말하고 있지 않은가?"★
"그쪽이야말로 내버려둬요."(★로 돌아간다)
돌이켜보면 전문서적보다 확실히 재미있다. 우리 집처럼 나의 '미안합니다.' 한마디로 결말을 짓는 것보다 차라리 낫다. 하지만, 가능하다면 듣고 있는 승객들을 위해서도 반복을 피하는 연구를 했으면 더 좋았겠다는 생각을 해 본다.

예를 들어 '당신이 책으로 밀었소.'라는 말을 들었을 때, '당신이 책에 밀렸군요.'라고 응수하는 전개상황이 듣고 싶다. 다음과 같은 전개도 생각할 수 있다.

"그러니까 당신이 책으로 민 것이오."
"그러니까 당신이 책에 밀렸다고 말하고 있지 않습니까. 내가 말한 것에 트집을 잡는 거요?"
"당신이야말로 하나하나 걸고 넘어가고 있지 않은가. 쓸데없이 걸고 넘어가지 말게. 당신이 내 마누라야?"
"누가 당신 같은 사람하고 결혼할 줄 알아? 당신 마누라도 진짜 멍청하다."
"마누라 욕하지 마! 마누라가 알면 어쩌려고."

―
카텐차Cadenza : 악곡 끝의 장식적인 부분

일회성 비만

많은 여성들은 비만을 두려워하고 있다. 일본의 미래나 프로야구의 미래보다도 두려워하고 있다.

그 정도로 비만을 두려워함에도 불구하고 많은 여성들은 다소 살이 쪄도 밝게 생활하고 있고, 심각하게 고민하는 모습은 별로 없다. 그녀들이 먹는 것을 보면 비만을 바라고 있는 것으로 밖에는 생각되지 않는다.

스포츠센터에 다니는 여성들도 있지만 그런 경우 밥을 보다 맛있게 먹기 위해서 운동을 하고 있는 것으로 짐작된다. 실제로 스포츠센터에서 나오는 그룹이 식사하고 있는 것을 보면 분명히 운동에서 소비한 것 이상의 칼로리를 섭취하고 있다.

그녀들은 비만을 두려워하고 있음에도 불구하고 동시에 왜 비만을 두려워하고 있지 않는 것일까? 아무리 논리를 초월한 문제라고 해도 정말로 이해할 수 없다.

내 생각은 이렇다. 먼저, 여성은 원래부터 무엇을 진심으로 두려워하는 능력이 부족하다. 아니면 '지방은 일시적인 것이다.'라고 생각하고 있는 것은 아닐까?

'확실히 지방은 붙어 있지만 이것은 본격적으로 다이어트를 시작할 때까지의 일시적인 것이고, 비만이라고 해도 일회성 비만에 지나지 않는다.'고 하는 신념을 몇십 년이나 계속해서 품고 있는 것이다.

어떤 것이라도 일시적인 것이라고 생각하면 그냥 넘어 갈 수 있는 것이 많다. 예를 들어 치과에서의 통증은 일시적인 것이라고 생각하기 때문에 참을 수 있지만, 만약 그 통증이 영원히 계속된다고 생각된다면 아무리 가볍더라도 견딜 수 없을 것이다.

수능 공부도 합격할 때까지의 일시적인 수고라고 생각하기 때문에 견딜 수 있게 되는 것이고, 아내의 잔소리도 언젠가는 끝난다고 생각하기 때문에 참고 듣는 척할 수 있는 것이다.(하지만 잔소리를 하지 않게 되는 날은 영원히 오지 않을 것이다.)

젊은이의 언행에 연장자가 참을 수 있는 것도 '저 놈도 곧 늙겠지.'라고 생각하기 때문이고 연장자의 언행에 젊은이가 참을 수 있는 것도 '저 놈도 머지않아 이 세상에서 없어진다.'고 생각하기 때문이다.

이처럼 지방이건 고통이건, 일시적인 것이라고 생각할지 어떻게 생각할지에 따라 의미는 크게 달라진다. 만약 고통이 1분이 될지 1년이 될지 잘 안다면 일시적인 불안일 것이다. 생각해보면 동물은 고통을 느낀다고 해도 일시적인 것인지 어떤 것인지도 모른 채로 견디고 있는 것이기 때문에 훌륭하다는 말밖에 다른 표현이 없다.

즐거움에 대해서도 일시적이라고 생각하는 편이 낫다.

케이크가 산처럼 있다고 생각하면 진저리가 나지만, 한입 거리밖에 없다고 생각하면 맛있게 먹을 수 있는 것과 같은 이치로 잠깐 동안의 행복이라고 생각하면 그 행복감은 증가한다.

꽃은 잠깐 동안만 피어있다고 생각하기에 한층 더 아름다움이 커지고, 젊음은 곧 없어진다고 생각하기에 더욱 더 귀중하게 보인다. 인간의 일생은 일시적인 것에 지나지 않는다고 생각하면 매일매일이 의미 깊어지고, 이 세계도 영원히 지속되지 않는다 생각하면 윤택할 것이다. 이 연재도 언제까지나 계속되지 않을 것이라는 것을 염두에 두고 읽어 주었으면 좋겠다.

사랑에 대해서도 똑같이 말할 수 있다. 결혼식에서도 '영원한 사랑'을 맹세하는 것보다는 '일시적인 사랑'을 맹세하는 편이 오래 지속될 것이다. 실제로 여러 날 동안 두 사람을 무리하게 갈라놓으면 확실히 한층 더 사랑이 오래 지속될 것이다.

이처럼 고통도 행복도 일시적이라고 생각하는 편이 낫다. 이 원리를 발견한 나는 재빨리 교육에 응용했다.

"논문을 쓰고 있는 지금은 괴로울 겁니다. 그걸로 됐습니다. 제출일까지의 괴로움이라고 생각하세요. 지방이 신경 쓰이는 것 같지만 일회성 비만이므로 죽기 전까지의 괴로움이라고 생각하세요. 그러면 기분은 가벼워질 겁니다. 비록 체중은 가벼워지지 않더라도……."

"선생님의 정년은 언제입니까. 선생님의 그런 이야기를 듣는 것도 앞으로 얼마 남지 않은 괴로움입니까?"

"자네의 그러한 태도는 죽을 때까지의 괴로움이라도 고쳐지지 않을 것이네."

"선생님의 경우는 '죽을 때까지'라고 말해도 별로 긴 시간이 아닐 테니, 얼마 남지 않은 괴로움이겠죠."

"참고 견디는 괴로움도 언젠가는 끝이 있는 법! 나의 수업도 언제까지나 들을 수 있는 것이 아니라고 생각하시오. 그러면 수강하는 즐거움도 한층 더 커질 것이오. 언제까지나 들을 수 있다고 생각하지 마시오! 나의 수업을……."

"그래도 이상하네요. 수업하실 적마다 '한 시간 후에는 끝난다.'고 말씀하시지만 매번 영원히 계속될 것 같은 무서운 생각이 듭니다."

검사는 몸에 해롭다

　인간은 보통, 자신이 어떤 인간인가에 아주 강한 흥미를 나타낸다. 자신의 용모를 거울이나 체중계로 점검하기도 하고 자신에게 어떤 재능이 있고 어떤 운명을 겪게 될지 등을 궁금해한다.
　하지만 그것도 젊었을 때뿐이다. 나이가 들면 더 중요한 것이 있다는 것을 깨닫고 거울을 보기보다는 스포츠 신문을 읽는 쪽을 선택하게 된다. 실제로 중년이나 고령의 사람이 자기 자신을 점검한다 해도 변변치 못할 것이다. 점검해봤자 본인이 생각한 것 이상으로 재능도 없고 남들에게 미움 받고 병은 늘어서 앞으로 모든 것이 악화되는 결과들뿐이다.
　이런 사실을 발견하는 것이 뭐가 그리 재미있는가. 자진해서 건강검진을 받으러가는 사람의 마음을 이해할 수 없다. 굳이 검사를 안 받아도 좋지 않은 곳이 있다고 하는 것은 이미 정해져 있지 않은가.
　그것을 일부러 검사해서 찾는 것은 1개월 방치해 놓은 우유가 어떻게 되어 있는지를 확인하는 것과 같은 것이다. 그것을 확인하고 싶어 하는 것만으로도 이상하다고 진단해도 좋을 정도다.

세탁기나 PC도 점검을 할수록 오히려 상태가 더 나빠진다는 것쯤은 과학을 모르는 인간이라면 누구라도 인정하고 있는 것이다. 나처럼 약골인데다가 섬세한 인간은 건강진단에 약하다. 건강진단을 받을 적마다 몸이 약해지는 것 같은 기분이 든다. 검사결과가 무서운 것 말고도, 어떤 종류의 검사를 하는지 모른다는 심리적 부담이 큰 것이다.

혈액검사에서 피를 몇 리터나 뺏기는 것은 아닌지, 혈압을 재는 흉내를 하면서 고무관으로 피를 뽑는 것은 아닌지, X-ray 사진을 찍는 척하면서 지갑을 뺏어가는 것은 아닌지 등 불안이 끊이지 않는다.

지금 같은 기술혁신시대에 검사방법이 진보하지 않는 것도 도무지 납득할 수 없다. 공항의 금속탐지기 같은 틀을 통과하는 것만으로도 혈당치를 비롯해서 가족의 병력까지 순식간에 파악할 수는 없는 것일까? 그리고 이상한 것이 발견되면 자동적으로 데이터를 정상치로 수정해서 프린터로 인쇄할 정도까지는 되었어야 하지 않을까?

검사기술이 없었던 시대는 그래도 괜찮았다. "상태가 어떻습니까?"라는 문진만으로 끝났던 것이다.

직장에서 정기건강진단을 받는 것은 언제나 우울했다. 검사는 혈압, 흉부 X선, 심전도, 내과 검진, 소변검사, 혈액검사 등이다. 학생과 다르게 혈액 검사와 소변검사가 있다. 혈액도 소변도 중년이나 고령의 약점이 나타나는 검사이다. 노골적으로 약점만 겨냥하기 때문에 두려운 것이다.

검사 당일 자기 몸의 소리에 귀를 기울여보면 두통 외에 동맥경화나 위암·폐암과 난청의 자각증상이 있고, 살아 있는 것이 이상할 정도로 모든 것이 잘못되었다고 호소한다.

늘 이상한 인간관계 때문에 관심을 뺏기고 있어서 잘 모르고 있었지만 실제로 내우외환 상태이다. 이 단계에서 더 이상의 방법은 없다. 소변검사에 대비해서 충분히 수분을 취한 정도이다. 소변이 나오지 않으면 이상하다고 판단해서 무리하게 관을 투입할지도 모른다. 그렇다고 수분을 너무 많이 섭취하는 것도 좋지 않으므로 주의가 필요하다. 전에 수분을 너무 많이 섭취해서 참지 못하고 검사 전 헛되이 화장실에 가서 배출한 적이 있다.

두통약 먹는 것을 절제했다. 콜라도 절제했다. 콜타르도, 비소도 절제했다.

검사하러 가면 종이컵과 시험지를 건네받는다. 지시한대로 시험지를 소변에 묻혀 건네주면 '이상 없음'이라고 진단을 내린다.

다행이다. 사실은 정말이지 시험지를 핥은 다음에 건네줄까도 생각했었다. 만약 그렇게 했더라면, 입 속에 남아있던 카레라이스 성분이 검출되어 아주 특수한 병이라고 판단되었을지도 모른다. 물을 묻힐까도 생각했지만 대학교의 물도 위험하다. 죽은 쥐의 성분을 비롯해 다이옥신이나 트리할로메탄, 유우바리메론 등이 검출되는 위험이 있다. 그렇게 되면 격리 또는 구제되었을 것이다.

혈액검사에서는 대량의 혈액을 뽑아내어 의식이 멀어지는 느낌이 드는데 몇 시간 전에 식사를 했는지 물어보았다. 음식을 만든 사람이 누군지를 물어보지 않는 것이 이해되지 않을 정도였다.

결국 검사에서는 실신도 하지 않았고 지갑도 무사했다. 하지만 검사결과가 나오면 식사제한을 강요받을 것임이 틀림없다. 좋아하는 음식을 먹을 수 있는 것은 지금뿐이다. 그렇게 생각해보니 검사 이후 좋아하는 음식을 적게 먹고 있다. 그래서인지 요 2, 3일간 몸 상태가 좋지 않다.

사랑을 모르겠다

사랑이라는 것은 무엇인가.

나는 이 문제를 오래도록 탐구해왔지만 지금도 답을 내놓지 못하고 있다. 과거에 답을 제출한 철학자도 정확히 알고 있었다고는 생각할 수가 없다.

사랑이 무엇인지를 정확하게 알고 있는 것은 여자뿐이다. 남자는 어떻게 행동하는 것이 사랑하고 있다는 것인지 모른다. 예를 들어 여자는 "사랑하고 있다면 핸드백 사줘!"라든가 "사면 안 되는 거야? 사랑하지 않는 거야?"라고 말한다.(이것은 우리 집 이야기가 아니다. 나의 아내는 상담도 없이 욕망에 끌리는 대로 산다.)

무언가 사고 싶을 때는 '사랑한다며?'라고 하는 어구를 붙여도 좋은 건가? 남자가 "사랑한다면 통근가방을 사게 해줬으면 좋겠다."라고 하면 "그런 상관도 없는 일로 사랑을 들먹이지 마요."라고 한다.

어째서 핸드백이나 가방이 이렇게 차이가 있는 걸까. 남자에게는 이해가 안 되는 부분이다.

좀 더 공손하게 부탁하면 괜찮을까 하고 생각해서, 남자가 "사랑한다면 거기 있는 신문을 좀 집어줘!"라고 하면 "정신 나간 소리를 할 여유가 있다면 쓰레기 버리고, 오래된 신문을 정리하고, 빨래나 걷어요!"라고 하기 때문에 혼란스러울 뿐이다.

사랑하는 것이 어떤 것인가를 여자는 어디에 근거를 두고 결론을 내는 것인지 미로라고 할 수밖에 없다.

이제까지의 피나는 경험으로 알게 된 것으로는, 사랑한다는 것은 다음과 같은 것이다.

핸드백은 사지만 남자 가방은 사지 않는다. 어떤 요리를 내놓더라도 명료한 목소리로 "맛있어."라고 감탄하면서 한 숟가락도 남기지 않고 먹는다.(슈퍼마켓의 반찬코너에서 산 것은 감탄하지 않는다.) 무언가 부탁받았을 때는 싫은 얼굴은 절대로 하지 않는다. 아프다던가 독촉을 받아도 싫은 얼굴은 하지 않는다. 재차 독촉 받았을 때는 납득할 수 있는 이유를 준비한다. 수십 년 전의 약속이나 상대방의 생일 등을 잊지 않는다. 상대방의 이름을 잊지 않는다. 차를 달라든가 신문을 갖고 오라든가 등 부탁하지 않는다.(특히 상대방이 수면 중이든지, 열이 나거나 할 때) 옷이나 머리모양이 바뀌었다면 곧바로 알아차리고, 모습이 다른 사람처럼 바뀌었어도 재빨리 알아차린다. 상대방이 먹는 것 중에 유통기한이 지난 물건이나 바닥에 떨어진 것을 살짝 섞어 놓지 않는다. 위험한 장소에 앞장 세우는 짓을 하지 않는다. 등이다.

여자의 입장에서 요약하면, 사랑은 '아낌없이 뺏는 것이다.'라고 생각한다.

"사랑받는 것보다 사랑하는 편이 행복하다."고 하는 사람이 있지만 현실적으로는 사랑하면 사랑할수록 불행하게 될 것 같은 기분이 든다.

남자는 아무리 경험을 쌓아도, 사랑에 대해서는 추측할 수밖에 없다. 매일 매일이 학습인 것이다.

예를 들어 "사랑한다면 핸드백을 사줘."라고 했을 때 "어제 TV에서 젊은 여자가 '정말로 사랑하고 있는 남자에게는 돈을 쓰게 하지 않는다.'고 말했어. 사랑하고 있다면 가능한 한 사지 않도록 해야 되는 거 아니야?" 하고 반론하면, "그렇게 말할 수 있는 것은 남자와 여자가 따로 돈 관리를 하고 있을 때 뿐이죠."라고 한다.

남자는 이럴 때 처음으로 '따로 돈 관리를 하고 있는지 어떤지가 사랑에 관계하고 있다.'는 것을 알게 된다. 우리 집처럼 아내가 돈 관리를 독점하고 있는 경우는 사정이 다른 것이다.

"돈 관리를 따로 따로 해 주지 않겠소?" 하고 제안하면 "나를 사랑하고 있지 않은 거야?" 하는 질문이 되돌아온다.

이 질문에 정면으로 답변하려고 해도 사랑한다고 하는 것이 어떤 것인가를 알지 못하기 때문에 자기가 사랑하고 있는지 어떤지 알 리가 없다.

만일, 운명을 하늘에 맡기고 "사랑하고 있는 건지 어떤 건지 모르겠다."고 정직하게 대답하면, "그런 무책임한 태도로 나랑 사귄 거야? 그러면서도 당신이 인간이야?"한다. 이번에는 '인간'이 무엇을 의미하는지 탐색할 필요가 생긴다.

남자는 사랑이라는 이름으로 어떤 말을 들을지 짐작도 하지 못한 채 전전긍긍할 수밖에 없다.

그러는 사이에 여자로부터 "사랑하고 있다면 올림픽 마라톤에서 우승해봐."라든지 "사랑하고 있다면 페르마*정리를 증명해!"라든가 "사랑하고 있다면 오늘 중으로 죽어!"라든가 "사랑하고 있다면 나를 사랑하지 마!"라는 말을 듣게 되는 건 아닌지 하고 생각해 본다.

―
페르마Pierre de Fermat :1601~1665. 프랑스 수학자. 툴루즈대학에서 법학을 전공하였지만 틈틈이 수학을 연구하여 그 성과를 데카르트, 파스칼 등에게 서간으로 알렸다. 그 서간은 결론으로 얻어진 정리만 표시하고 증명방법을 풀이하지 않아 후학자에게 과제를 제시하여 수학 발전에 큰 영향을 끼쳤다.

대학 축제에서 알게 된 진실

 최근의 대학축제는 대학생다움이 없다. 어느 대학이건 연예인을 부른다거나 포장마차에서 먹을 것을 팔거나 하고 있다. 대학생만이 할 수 있는 것이 그 외에도 있을 것이다.(강의 중에 꾸벅꾸벅 존다든가 하는…….)
 야끼소바나 단팥죽을 파는 것은 대학생이 아니더라도 할 수 있는 것이다. 아마 대학교수라도 몇 년 연습하면 할 수 있지 않을까?
 올해 축제에서는 제자인 사이몬 후미와 공개 대담을 하기로 되었는데 이것도 비학문적인 기획이다. 학내에 붙여진 포스터에는 〈사제 토-크 : **사이몬 후미** & 츠지야 켄지〉라고 사이몬 후미를 앞쪽에 큰 글자로 쓰고 있다. 체중이 많이 나가는 순서로 쓸 생각이었는지는 모르지만 이것으로는 내가 사이몬 후미의 제자라고 오해하기 십상이다.
 프로그램에서도 먼저 소개되는 것은 사이몬 후미다. 사진도 다르다. 그녀의 것은 엷게 화면처리를 해서 본격적인데다(사진작가가 찍은 것 같다.) 웃는 얼굴에 약간 위를 쳐다보는 당당한 모습으로 찍혀있다. 전신이 찍힌 거라면 허리에 프로레슬링 챔피언 벨트를 두르고 있는 것 같은 모습도 보였을 텐데……

그것과는 반대로 내 것은 즉석사진 같은 아마추어 사진이다. 빛 투성이가 되어 실종된 귀족이 고문을 받은 뒤의 모습과 같이 기품은 있으나 가난한 모습이다.

실행위원회의 학생들이 나에게 대하는 태도에도 차이가 있다. 나를 무시하고 사이몬 후미에게만 인사하는 학생도 있다.(그렇게 사이몬 후미가 무서운 것일까?) 존재감 없는 나를 못 알아챘을 수도 있지만, 대신 1만 엔짜리 돈이 떨어져 있었으면 확실하게 알아챘을 것이다.

사이몬 후미에게 "나는 자네의 곁다리인가? 아니면 자네의 시종인가?" 하고 물었더니 그녀는 "상대방을 돋보이게 하는 사람이라고 생각합니다."라고 말한다.

이처럼, 그녀가 나를 존경하고 있는 모습은 손톱만큼도 없다. 언제부터 이렇게 거침없어졌는지 기억을 더듬어 보면 그녀가 대학에 입학했을 때부터였던 것으로 기억된다.

그녀와 나를 대하는 방법이 다르다는 것을 보고 처음으로 나는 진실을 알았다. 인간은 학식이나 섬세함을 평가하지 않고 강할 것 같은 인간을 인정한다는 것이다.

대담이 시작되면서 먼저 내가 은사 쪽인 것을 분명히 말했다. 보는 것만으로는 어느 쪽이 은사인지 모르기 때문이다. 이야기의 내용을 비교해 봐도 어느 쪽이 은사인지 모를 정도이다.

대담은 시종 내가 리드했다. 청중들이 봤을 때 사이몬 후미가 나를 가르친 것처럼 보였다면 나의 바람대로 된 것이다. 대담 도중에 연애이야기가 나왔다. 이 화제도 나에게는 서툰 일이다. 그녀에게는 자신 있는 테마이다. 그녀에게 여러 가지를 배우는 동안에 '어떻게 하면 여자에게 인기가 있을까?' 하는 흥미로운 화제로 옮겨갔다. 몸을 앞으로 쑥 내밀며 들었다.

그녀의 이야기에 의하면 인기 있는 남자는 여자의 뒤에서 등(허리나 핸드백이 아니라)에 손을 감고 점점 더 끌어안으며 "바보처럼……. 내가 옆에 있잖아." 하며 속삭이는 남자라는 것이다. 그에 반해 서부극 등에 나오는 강한 남자가 술집에서 악한을 몇 사람 때려눕히는 것을 보면 멋있다고 생각하는 게 아니라 난폭자라고 생각할 뿐인 것 같다.

나는 놀랍고 의문이 느껴지면서도 납득했다. 그녀가 잘못된 주장을 하는 것을 학생 때부터 봐 왔지만 지금까지도 계속해서 잘못하고 있는 것이다.

나의 고상한 얼굴에 의심이 깔리는 것을 보고, 그녀는 "그렇지요? 여러분." 하고 참석한 사람들에게 물어본다. 놀랍게도 그 말에 대해 참석한 거의 모든 여자들이 박수를 보내는 것이다. 이 정도로 많은 여자들이 잘못되었다고 생각하지는 못했다. 하지만 아무리 여자가 잘못되었다고 해도 남자가 인기가 있는가 어떤가를 결정하는 것은 여자다. 여자의 의견을 무작정 무시할 수는 없다.

이제까지 나는 우아하게 20년 이상을 살아왔지만 근본적으로 잘못 생각하고 있었다. 내가 인기가 없는 것은 용모나 성격, 또는 행운의 펜던트를 사주지 않았기 때문이라고 생각하고 있었던 것이다.

　인기 있는 남자는 인정할 수 없다고 늘 생각해 왔지만 사실은 남자가 봤을 때 인정할 수 있는 남자가 인기 있을 것이다. 진실은 엄격하다. 내 혼을 팔아넘기지 않는 이상 여자에게 인기가 없을 것이다. '혼이라면 얼마든지 팔아넘길 수 있는데······.' 하고 생각하지만 이제 와서는 너무 늦었다.

　이 날 알게 된 사실은 고통 그 자체였다. 진실을 고통이라고 말하는 것도 진실이었다.

휴대전화 비판

세상이 어떻게 된 것인지 지금은 누구나 휴대전화를 가지고 있다. 하지만 내 책을 갖고 있는 사람은 거의 없다. 내 책은 휴대폰보다도 훨씬 더 저렴하고 기본 사용료도 필요 없고 냄비받침대도 된다.

어째서 정보하고는 상관없는 사람까지 휴대전화를 갖고 싶어 하는 걸까? 신칸센을 타면 앞의 승객도 뒤의 승객도 휴대전화로 통화를 하고 있다. 옆을 보면 옆에서도 휴대전화로 통화를 하고 있다. 게다가 나까지도 전화를 걸고 있는 것이다.

나는 휴대전화를 경멸했다.

통화료는 이상할 정도로 비싼데다 정말로 필요한 재해 시에는 연결이 안 되는 젊은이들의 장난감에 불과하다고 생각했다. 젊은이들이 휴대전화로 돈을 낭비하기 때문에 가라오케나 책에 써야 하는 돈이 없어지고 내 책의 매상에도 피해가 가고 있다.

나는 이것에 분개하고 가라오케업계와 출판업계를 대표해서 휴대전화를 경멸하고 있는 것이다.

그런 내가 절개를 굽힌 것에는 이유가 있다. 휴대전화는 중년과 고령자들을 위한 장난감이기도 한 것을 알게 된데다, 만약 돈이 있다 하더라도 사람들이 나의 책을 사지 않는다는 것을 알게 되었기 때문이다.

게다가 나이를 먹음에 따라 중요한 일이 늘어나고 내 쪽에서 먼저 긴급하게 연락할 필요성이 늘어난 것도 한 원인이다. "감기로 인해 원고마감일을 맞추지 못한다.", "열이 나서 회의에 나갈 수 없다.", "전차가 끊겨서 집에 돌아가는 데 시간이 걸린다."고 하는 내용을 커피숍에서 천천히 홍차를 마시면서 '긴급연락'할 기회가 늘어난 것이다.

휴대전화를 갖고 있으면 긴급연락을 받을 두려움도 있지만 보통, 전원을 꺼 놓으면 문제는 없다.

전파가 도달하지 않는 경우에도, 전원을 꺼놓고 있는 경우에도 양쪽 모두의 경우에 '부재 중 전화 서비스 센터로 연결됩니다.'라고 하는 메시지가 흘러나오는 것은 일반 전화에는 없는 편리한 기능이다. 중계국은 늘리더라도 전파가 도달하지 않는 지역은 꼭 남겨두었으면 좋겠다고 생각한다.

나는 휴대전화를 사용하기는 하지만, 그렇다고 비판을 그만 둘 정도로 지조가 없지는 않다.

실제로 주변에 휴대전화를 사용하고 있는 사람들의 사용법을 보고 있으면 가만히 있을 수가 없게 된다.

내 남동생의 딸에게 말하고 싶다.

너의 휴대전화는 오 분마다 울리고 있는데 그다지 중요한 일을 하고 있지는 않은 것 같다. 무슨 용건인가 메시지를 들여다보면, '지금 뭐해?'라든가 '벌써 자니?'라는 사소한 것들뿐인데 이런 것들도 정보인가?
너의 '정보 통신비'를 누가 내고 있는지 알고 있는가? 대여료조차도 아까워하는 마음을 가진 너의 아버지가 지불하고 있다.
게다가 너의 아버지는 딸의 휴대전화 요금을 내고 있지만 자신의 휴대전화는 어디에서도 걸려오지 않고, 매월 기본 사용료만큼도 사용하고 있지 않다. 네 아버지의 형(츠지야 본인 : 역자 주)은 너와는 달리 휴대전화의 요금을 직접 내고 있다. 그런데도 저번 달은 만 엔이나 휴대전화 요금으로 썼다고 해서 꾸지람을 들었고 또 그만큼 용돈도 삭감되었다.

학생들에게도 말하고 싶다.

학생이라면 공부가 제일 첫 번째일 것이다. 두 번째나 세 번째나 오백 번째로는 휴대전화보다 높은 지위의 교사를 존경한다고 하는 일을 우선으로 두어야 할법하다.
휴대폰으로 인해 교사의 체면이 깎일 수도 있음을 잊지 말아라. 수업 중 가끔 휴대전화가 울릴 경우가 있다. '수업할 때는 확실히 전원을 꺼라.' 그것이 최소한의 룰이다. 저번에도 수업 중에 휴대전화 벨이 울렸다.

"누구야!" 하며 찾아보았더니 결국 내 휴대전화였다. 자네들의 휴대전화 전원이 확실하게 꺼져 있다고 생각했다면 이런 창피는 당하지 않고 끝났을 것이다. 내 권위가 어디까지 떨어져야 기분이 풀리겠는가.

마지막으로 어떻게 해서라도 말해주고 싶은 상대가 있다. 거기, 바로 너다!

지금 텔레비전을 보면서 과자를 볼이 미어지도록 잔뜩 입에 넣고 있을 때인가? 너에게 휴대전화를 갖게 한 것은 무엇 때문인지 알 것이다. 나의 일 때문에 걸려오는 전화를 받기 위해서이지. 연구실은 수업이나 회의 때문에 자리를 비우기 일쑤기 때문에 집필과 관련된 일은 너의 휴대전화로 걸려오게 한 것이다. 걸려온 전화를 못 받아서 노벨상을 놓쳤다면, 나에게만 그치는 것이 아니라 일본의 명예와도 관련된 문제이다.

그렇게 생각하고 휴대전화를 갖게 한 것인데 수영장에서도, 커피숍에서도, 집에 있을 때도 전원을 끄면 어떻게 하는가. 전원이 켜져 있는 시간이 하루 동안 걸고 있는 20분 정도 밖에 없다고 하는 간단한 계산도 할 수 없는 건가. 노벨상을 하나나 둘, 훨씬 전부터 놓치고 있었을 것이다. 그런 자각도 없이 나에게 '긴급연락' 할 때만 휴대전화를 사용하지 마라!

이해할 수 없는 명령

일미관계를 위해

 겨울밤은 춥다. 어릴 적 혼자서 겨울 밤길을 걸었을 때의 기억이 되살아난다. 어른이 된 지금은 옆에 아내가 있기 때문에 불안이 한층 더 심해진다.
 계기는 미국대사관으로부터의 전화였다. 내가 〈주간 문춘〉에 쓴 글을 읽은 미국 공사가 비서를 통해 '함께 점심을 먹으며 이야기하고 싶다.'고 전해 온 것이다.
 기억을 되살려봐도 미국에 대한 것을 쓴 기억이 없다. 단지 조금 전 멜라토닌에 대해 쓴 적이 있을 뿐이다. 멜라토닌은 미국에서는 팔고 있지만 일본에서는 팔고 있지 않은 약이다. 어쩌면 "멜라토닌에 대해서 썼는데, 당신이 쓰면 미국의 신용에 손해가 가므로 금후 쓰지 않았으면 좋겠다."라고 하는 이야기일지도 모른다. 또는 "멜라토닌을 마실 것 같은데, 싸게 사지 않겠나?" 하며 말을 걸어 올 지도 모른다.
 오랜만에 넥타이를 하고 외출했다. 청바지에 넥타이도 하지 않는 보통 때의 복장으로 나갔다가 일미관계에 희비가 엇갈리면 곤란하다. 공사인 자신은 마음에 두고 있지 않지만 레스토랑에서 출입을 거절당할 가능성이 있다. 넥타이를 하고 있지 않으면 들어갈 수 없는 레스토랑도 있을지 모른다. 우리가 다니는 보통 식당에서도 바지를 입고 있지 않으면 들여 보내주지 않는 것처럼.

넥타이를 매면 누가 봐도 어엿한 사회인처럼 보인다. 한껏 자신감을 갖고 학교에 가면 실없는 학생이 나를 보고 웃는다. 이런 경우 자신감이 동요된다.

하지만 약속한 레스토랑에는 문제없이 들어갈 수 있었다. 레스토랑이 학생보다도 사람 보는 눈이 있다.

미국 측에서는 그 외교관만 와 있었다. 느낌이 좋은 온후한 신사였다. 나의 글을 읽고 재미있어서 함께 이야기를 하고 싶었다고 한다. 어떻게 된 것인가. 왜 내 문장의 진가는 일본어를 잘 모르는 사람에게만 이해되는 것인가?

식사를 하면서 유머 센스나 젊은이들의 생태에 대해서 신사끼리 우호적인 대화를 교환할 수 있었다. 음식물을 몇 번 옷이나 테이블에 흘린 것 말고는 완벽한 신사처럼 행동했다. 단지 하나 마음에 걸리는 것은 무릎에 올려 둔 종이 냅킨이 만지작거리는 동안에 너덜너덜해져있는 것을 들킨 것이다.

며칠 후, 미 공사 부부가 주최하는 디너파티 초대장이 도착했다. 나의 아내도 함께 초대받았다. 의향을 물었더니 가고 싶다고 부담없이 말한다. 이 여자는 무서운 것이 없는 건가?

긴장되지 않느냐고 물어보니 "어차피 귀신같은 모습을 기대하고 있지 않을까요?"라고 한다. 이 여자는 평상시의 자기 자신을 포장하거나 감추지 않을 기세다. 이래서 나쁜 사람은 점점 더 나빠지는 거다.

당일 아내와 미리 만나기로 한 장소에 5분 늦게 도착했더니 아내의 표정이 굳어져 있다. 일미관계보다 부부관계가 더 어렵다.

역을 나와 초대장에 있는 약도를 보면서 공사관저로 향했다. 매서운 추위 속을 10분 정도 걸었는데 아내는 "좀 전의 그 길을 갔으면 되었는데.", "그 택시를 탔으면 좋았을 텐데." 등 나에게 반성과 사죄를 요구하기 시작했다.(고작 10분 정도 걸었는데 성과가 나오지 않은 것을 갖고 내가 나쁘다고 하는 결론을 내리는 것은 성급하다고 생각할지 모른다. 그렇지만 아내는 어떤 사실에서도 내가 나쁘다는 결론을 간단히 끌어낼 수 있다.)

어째서 앞에서 걷고 있는 남편을 믿지 못하는 것일까. 나는 길도 모르는 채 짐작으로 리드하고 있는 것이다. 더 더욱 용기가 없어지고 있다.

다시 10분 정도 헤맨 후에 공사관저에 도착했을 때는 아내와의 신경전으로 심신이 모두 피곤해져 있었다. 나의 기력을 지탱하고 있는 것은 '일미관계를 유지하지 못하면······.' 이라고 하는 책임감뿐이었다.

손님은 전부 10명이었다. 저명인사도 있었다. 공사 부인은 세상 물정에 밝은 재미있는 사람이었다. 내가 쓴 글을 애독하고 있다고 한다. 부부 모두가 보는 눈을 갖고 있지는 않은 것 같다.

내가 아내를 "결코 무서운 여자가 아닙니다."고 소개했더니 농담이라고 생각해서인지 모두가 웃었다. 어째서 농담인 것을 알았던 것일까? "화내고 있지 않을 때는……." 하고 말을 이어갔지만 웃는 소리 때문에 다행스럽게도 아내의 귀에는 들어가지 않았다.

따뜻한 대접을 받았지만 일미관계를 염두에 둔 나는 끝까지 실례가 되지 않도록 격식을 유지한 태도로 일관했다. 마치 우리 집에 있는 듯 했다.

사쿠라 모모코 효과

 집에서 전화를 받았더니 조교였다. 조교의 목소리는 절박했지만 서류 제출을 요구하는 것도, 돈을 청구하는 것도, 회의가 있다는 통지도, 노벨상 수상을 알리는 것도 아니었다.
 "과자가 도착했습니다."
 의외였다. 내 물건을 뺏을 것 같은 인간이라면 셀 수 없을 정도로 짐작이 가지만 나에게 물건을 주는 인간은 짐작이 가지 않는다. 조교는 계속했다.
 "사쿠라 모모코 상*이 보냈는데요."
 내 귀를 의심했다. 조교를 의심했다. 그리고 신을 믿었다. 동경의 대상인 사쿠라 상에게서다. 조교의 목소리를 들어도 '이건 절대로 거짓말이다. 무언가가 잘못되었다.'고 생각하고 있는 모습이 뚜렷하게 전해져 왔다.
 사쿠라 상과 둘이 며칠 전에 대담한 적은 있지만, 과자를 보내지 않고는 참을 수 없을 정도로 나의 이야기 또는 용모가 감동적이었던 것일까? 기억에는 없지만 어쩌면 내가 사쿠라 상의 목숨을 구했는지도 모른다. 아니면 사쿠라 상이 부업으로 과자판매를 하고 있어서 나중에 대금을 청구할는지도 모른다.

조교는 흥분한 목소리로 계속 이어갔다.

"택배를 금요일에 발송한 것으로 되어 있으니까 벌써 사흘이나 지났습니다. 상했을지도 모릅니다. 냉장보관이라고 쓰여 있지 않아서 냉장고에 넣어도 괜찮을지 어떤지도 모릅니다."

"그렇다면 지금 당장 열어 봐라."

몇 초 후에 조교가 보고했다.

"열었습니다. 뭉크러져 있습니다."

"뭐! 그렇게 중요한 것이 뭉크러졌다고? 어째서 자네가 대신 뭉크러지지 않고……. 아직 먹을 수 있는 것 같은가?"

"잘 모르겠습니다. 생과자라고는 쓰여 있지 않습니다만, 확실히는 말 못하겠습니다."

"알겠네. 만약 먹을 수 있을 것 같으면 먹게. 하지만 조금이라도 이상하다고 생각되면 먹지 않도록! 아직 먹을 수 있는 것 같다면……. 그 경우라도 먹지 않도록!"

"여기에 있는 학생들과 나눠 먹어도 되겠습니까?"

"뭘 먹어도 아무렇지 않을 것 같은 학생들만 골라서 주게."

가만히 있을 수가 없어서 학교로 급히 갔다. 숨을 헐떡이며 조교실로 도착했더니 만족스런 얼굴을 한 조교들 앞에 열려진 과자 상자가 놓여 있다. 안에는 하나하나 종이에 싸여진 앙꼬빵이 외로이 3개 남겨져 있다. 속았다!

"'뭉크러졌다.'고 하니까 케이크같이 부드러운 것이 눌리거나 쪼개졌겠거니 생각했다. 어디가 뭉크러졌다는 것인가?"

"정말로 뭉크러졌었습니다. 그것을 제가 바로 놓은 것입니다."

"뭉크러졌다는 것이 '똑바로 놓여 있는 것이 흐트러졌다.'는 것 뿐인가."

"그렇습니다."

"오해를 일으킬 것 같은 표현을 사용하니까 오해하지 않았는가. 게다가 이 만쥬라면 앞으로 10일은 문제없을 게 분명하다."

"하지만 열대우림 같은 고온다습한 환경에 놓게 되면 10일 씩이나 유지되지 않는다고 생각됩니다."

"열대우림까지 가지 않아도 자네와 함께 있는 환경에 놓이면 하루도 견뎌내지 못할 것이다."

"사쿠라 상에게서 또 하나의 택배가 도착했습니다."

소포를 열었더니 사쿠라 상의 사인이 들어있는 색지가 들어있었다. 사실은 대담을 마치고 준비한 색지를 건네주며 사인을 부탁했던 것이다.

사쿠라 상은 보관하고 있다가 나중에 보내드리겠다고 말했지만 왜 그 자리에서 쓰지 않는지 이상했다. 집에 가지고 가서 누군가에게 대신 써달라고 하는 건 아닌지 의심했던 것이다.

치비마루코 짱의 사진이 들어있는 멋있는 색지였다. 모여 있던 조교들이, 먹는 것일지도 모른다는 기대에 어긋남에도 불구하고 환성을 지를 정도였다. 그녀들이 먹는 것 이외에 환성을 지른 것은 처음이다. 나에 대한 조교들의 태도가 일변했다. 조교들은 분명히 나를 다시 본 것이다. 대단한 효과이다. 시간이 지나 이 효과가 희미해지게 되면 나는 사쿠라 상의 이름을 써서 내 앞으로 과자를 보내기로 생각했다.

조교가 제안했다.

"그 색지, 액자에 넣어서 조교실에 장식할까요? 그렇게 하면 존경받게 될 겁니다."

"그럴까? 누가 내게 홍차를 가져다주게 될까?"

"아니오. 존경받는 것은 사쿠라 상입니다."

―
사쿠라 모모코 : 일본의 유명 작가

하느님이시여, 부처님이시여, 사쿠라님이시여

사쿠라 모모코 상은 의협심으로 가득 찬 사람이다. 사실 기요미즈의 지로죠 씨를 존경하고 있다고 한다. 사쿠라 상이 말했다.
"교수님은 학생들에게 틀림없이 존경받고 계실 거예요."
실로 예리하다. 한번 보고 내가 존경받는 게 당연한 인물이라고 간파하고 있다.
"하지만 요즘은 존경과 거리가 먼 상태입니다."
"입으로 말하지 않아도 존경받고 계세요. 반드시, 꼭, 절대로."
"내가 잘못 알고 있는지는 모르지만, 그냥 얼굴이 마주쳤는데도 인사하지 않는 학생들이 있습니다. 그런데도 존경받고 있는 것입니까?"
"존경받고 있습니다. 존경하는 마음이 너무 크면 좀처럼 말을 걸 수가 없는 것입니다."
"얼마 전, '교수님'이라는 경칭을 하지 않고 그냥 이름만 부르는 것을 들었습니다. 그런데도 존경받고 있는 건가요?"

"친밀함의 표현이라고 생각합니다. 존경하고 있어도 친밀감은 갖고 있으니까요."

"학생들의 발언이 잘못되었다고 지적하면 내 쪽이 잘못되었다고 또 다른 학생에게 지적받습니다. 그런데도 존경받고 있는 것일까요?"

"그렇습니까? 하지만 존경받고 계시는 거예요……. 꼭!"

"내 케이크를 허락 없이 먹었던 학생이 내 얼굴을 보고 웃었습니다. 존경한다면 적어도 죄송하다고 해야 되는 것 아닙니까?"

"조, 존경받고 있어요……. 아마도……."

목소리에 점점 힘이 없어져 간다.

'이 놈은 정말로 존경받고 있지 않을 수도 있다.'고 하는 의심의 싹이 움트고 있다는 것을 느끼게 되었다.

"조교도 조교실에 온 학생에게는 차를 접대하는데 나에게는 차를 주지 않습니다."

"부끄러움 때문일 거예요……. 아마도……."

"그게 그런데, 먼젓번에는 무슨 일인지 차를 대접해 주었습니다."

"보세요. 역시 그렇죠?"

"내가 이렇게 친절하게 해주는데 자네는 내게 아무것도 해주고 있지 않다.'고 따졌더니 '인덕입니다.'라고 했습니다."

"예? 그렇게까지 단언했습니까?"

"그렇습니다. '자네도 드디어 인간의 진가를 아는군.' 하고 칭찬했더니 그녀는 '저의 인덕입니다.'라고 말하더군요. 이래도 존경받고 있는 겁니까?"
 사쿠라 상은 일순간 말을 잃은 후 단단히 각오를 하고 말했다.
 "제가 학교에 가서 '존경하시오.'라고 말하겠습니다."
 의협심이라고 하는 것을 처음 본 느낌이었다.

 그 후 사쿠라 상으로부터 그림이 그려져 있는 색지가 보내져왔다. 학생들에게 과시할 수 있도록 색지에는 부탁한대로 '츠지야 선생님께'라고 쓰여 있었다.
 조교가 조교실에 장식하고 싶다고 부탁한 것을 나는 거절했다.
 "이것은 나의 보물이다. 장식할 물건이 갖고 싶다면 내가 써주지. 나의 자화상 같은 거라면 어떨까."
 "그런 것은 선생님 방에 장식해주세요."
 조교는 이렇게 말해버리고는 내 승낙도 얻지 않고 거기에 있던 학생과 제멋대로 상담하기 시작했다.
 "어떤 액자가 좋다고 생각해?"
 "색지는 색이 바래지기 쉽잖아. 액자에 넣어도 괜찮을까?"
 "찾아보면 자외선을 차단하는 액자가 있을 거야."
 나의 책을 냄비받침으로 사용하는 것에 비하면 다루는 절차가 너무 다르다. 이대로 듣고 있다가는 내게 UV차단 액자를 찾아서 사오라고 할 게 틀림없다.
 발 빠르게 조교실을 나온 나의 마음은 동정으로 가득 찼다. 불쌍한 놈들이다. 사쿠라 상에게 당할지도 모르면서 그렇게 3년이라도 들떠 있어 봐라.

사쿠라 상이라고 하는 강한 아군을 얻자 광명이 보였다. 담당 편집자랑 이야기를 해도 기분이 밝았다. 편집자에게 사쿠라 상에 대한 이야기를 한 후 출판하는 책의 제목을 어떻게 할지 상담했다. 제목은 중요하다. 나의 책은 내용보다도 제목으로 승부하고 있는 것이다. 사쿠라상의 대 베스트셀러 『복숭아 통조림』처럼 선망의 대상이 되었으면 한다. 편집자가 제안했다.

『복숭아 통조림 츠지야판』이라고 하는 것은 어떨까요? 저자 이름 츠지야 켄지는 작은 활자로 하고요."

"재탕한 티가 너무 나지 않겠습니까?"

"'복숭아 통조림'의 '복숭아'에 츠지야라고 조그맣게 토를 달고 저자도 '사쿠라 모모코로서 츠지야 켄지'라고 토를 달면 완벽합니다."

사쿠라 상, 이 편집자도 혼내 주십시오.

의외의 감상

정월, 오까야마의 가족과 아꼬우 방면으로 여행을 했다. 나에게는 의미 있는 여행이었다.

오오이시 신사에 참배한 결과, 오오이시 구라노스케와 오오이시 요시오가 동일 인물인 것과 오오이시 치카는 별개의 사람이라고 하는 것을 알게 되었다. 이 외에 오미쿠지*에서는 대길이었다.

그뿐만이 아니라 가족끼리 한 트럼프 대회에서는 5명 중 3위라는 성적을 거두며 맹활약했다. 돌아오는 길에 히메지 사파리파크에 갔을 때도 사자나 코끼리에 공격당하지 않았다. 이것으로 올해 내가 갖고 있는 좋은 운을 모두 다 써버린 것은 아닌지 걱정이다.

그러나 이 여행으로 내가 가장 감명을 받은 것은 세토나이 바다의 경관과 사파리파크의 동물들이었다.

생각해보면, 옛날에는 경치나 동물을 보고 감명을 받은 적이 없었다. 고등학교의 여행을 돌이켜 생각해봐도 인상에 남은 것은 선물을 산 것과 트럼프 하느라 밤을 새운 것뿐이다. 당시 여행에서는 명소나 유적을 방문하고 신사에 있는 불각이나 불상·성 등과 같은 역사 유산이나 아름다운 자연에 반했을 법한데 그런 것들로부터 감명을 받은 기억이 없다.

동물원에는 몇 번이나 갔지만 동물에 그다지 흥미를 가졌던 기억이 없다. 자연이나 역사 유산이나 동물에 감명을 받는다는 것은 인간적인 성숙이 필요한 것이다.

실제로 나이가 들어도 성숙하지 않아 흥미를 갖지 못하는 것이 세상에는 많다.(분재·온천·게이트 볼·간호보험 등)

적어도 나는 자연이나 동물에 감명을 받는 데까지는 성장한 것이다. 앞으로 나이를 먹으면서 감명의 대상이 변해 갈 것이다. 동행한 어머니가 어떤 것에 흥미를 나타낼지 반응이 궁금했다.

어머니는 심신이 모두 건강하지만 85세이다. 연령으로는 충분히 성숙하다. 게다가 어머니는 여행을 좋아하신다. 이번 여행지도 몇 개월 전부터 차를 타고 매주 이곳저곳을 답사한 후에 어머니가 정하신 것이다.

여행에 열심이시기 때문에 눈에 띄는 곳도 다를 것이다. 오오이시 신사가 어머니의 흥미를 끈 것 같지는 않았다.

시대극을 좋아하여 흥미를 가졌나 하고 생각했지만 아코우로우지의 석상에도, 오오이시 구라노스케의 저택에도 관심을 보이지 않고 추위만 타셨다. 나이가 들면 추위에 영향을 받는 것이다.

숙소에 도착해서 몸이 따뜻해지자 금방 건강을 되찾은 듯 했다. 여관방에서는 세토나이 바다가 보인다. 눈앞에 펼쳐지는 세토나이 바다의 경관은 누구라도 눈을 뺏길 정도로 아름다웠다. 급속하게 떨어져 나가는 석양에 바다는 예리하게 빛나고 순식간에 깊은 색으로 변해갔다.

아득히 먼 해안선에는 사람들이 밝히는 불빛이 보석을 나열한 것처럼 희미하게 반짝이고 있었다. 보는 사람을 압도하는 경관이 거기엔 있었다.

내가 숨을 멈추고 무아지경에 빠져 있었더니 어머니가 "정말 예쁘다."라며 감탄의 목소리를 내셨다. 그리고 덧붙였다.

"저 쪽에 보이는 등불이!"

숙소의 창문에서 보이는 5개 정도의 등불에 어머니는 감명을 받은 것이다. 어머니와는 50년 이상 만나 왔지만 어머니에 대한 것은 아무것도 알지 못했다는 생각이 들었다.

다음 날 사파리파크에 갔다. 야생에 가까운 동물 모습에 모두 마음을 뺏겼다. 동물은 제각기 당당했고 야생동물의 엄격함과 위엄을 갖추고 있었다.

동물들과 놀기도 했고 개나 염소·양을 만져보는 즐거운 경험도 했다.

특히 인상적이었던 것은 한 마리의 소였다. 엎드려 기어가며 꼼짝 않고 깊은 생각에 잠겨 있는 것 하며, 애수에 젖어 있는 모습이나 이상으로 철학자의 분위기가 감돌고 있었다. 나는 마치 반성을 강요받고 있는 것처럼 엄격하고 경건한 기분이 들었다.

사파리파크를 뒤로 하고, 어느 동물이 인상적이었냐고 물어봤더니 어머니는 대답하셨다.

"동물은 무서울 뿐이잖니?"

사파리파크를 돌고 있는 동안 말수가 적었던 것은 감동 때문이 아니었다.

어머니는 의외로 대자연이나 동물이라고 하는 '감동할 만한 것'에는 정말로 관심을 보이지 않았다. 여행 중 감정을 담아 표현한 말은 "등불이 예뻐."와 돌아오는 길에 새우필라프를 먹고 나서 "새우가 적다."고 말한 것뿐이었다. 동물 중에도 어머니의 흥미를 끌만한 것이 있을 줄은 알았지만 그 이외에는 무관심인 모습이셨다.

어머니 나이가 되면 무엇을 재미있다고 느낄까.

결국 짐작도 할 수 없었다. 어쨌든 이 여행은 어머니에게는 시시했던 것 같다.

집에 와서 어머니가 말했다.

"재밌었다. 또 한 번 가자."

―
오미쿠지 : 길흉을 점치는 제비뽑기

그 증거로……

 작년 말부터 굉장히 바쁘다. 일 때문에 수면도 충분히 취하고 있지 않은 날이 계속되고 있다. 일이 제대로 되지 않는 듯한 보통 때와는 대조적이다. 정말로 자가용 제트기로 타히티에 날아가 온천에 몸을 푹 담그며 탕면을 후루룩 먹을 수 있는 상태가 아니다.
 매년 이 시기, 바쁜데 한층 박차를 가하는 것은 센터시험이다.
 오래도록 계속해서 시험감독을 하고, 작년에는 예비원의 일을 수행한 것 등 센터시험 실시에 전력질주를 했지만 올해는 더 중요한 임무가 주어졌다. 자택 대기의 일이다. 시험감독이나 예비원의 일을 맡기기에는 내가 너무나도 중요한 인물이라고 판단한 것임에 틀림없다.
 대학입시센터도 무책임한 나에게 맡기는 것을 그만두면 어떤가 하고 생각하지만 오히려 대기라고 하는 큰 역을 분부하셔서 몸이 조여드는 느낌이 든다.
 그리고는 걱정이 된다. 동료들에게만 맡겨놓아도 괜찮을까? 게다가 문제지의 운송이나 전국을 순회할 전차의 운전 등이 나 없이도 똑바로 잘 될까?

걱정이 너무 지나치다고 할 수 있지만, 50만 명이 일제히 촌각을 다투며 행동하는 것이다. 아무런 사고도 일어나지 않는다는 것이 이상하다. 그런 것이 간단하다고 생각하는 사람은 가족끼리 백화점에 가는 것을 생각해 보라. 모두가 행동을 분 단위로 맞추는 것이 그렇게 간단히 할 수 있는 일인가? 우리 가족은 당 두 명이지만 함께 맞춰서 현관을 나가는 것만도 큰일이다.

50만 명이 일제히 보는 시험을 아주 큰일이라고 여기는 자각이, 감독을 하는 동료들에게 보이지 않는다.

"빨리 나이 먹어서 츠지야 상처럼 감독을 면제받고 싶어. 하지만 아직 먼 일이라 슬퍼요." 하며 자랑스럽게 말하는 모습이 정말로 도움이 되지 않는 사람들이다. 걱정이 되는 것도 당연한 일이다.

하지만 생각해보면 도저히 도움이 안 될 것 같아도 성장하길 바란다면 젊은 사람들에게 시험감독을 맡기는 것도 필요하다.

'사랑스러운 아이에게는 여행을 시켜라.'는 속담이 있다. 물론 그들이 사랑스럽다는 것은 아니지만 시험 중 나는 자택에서 전력을 다해 대기하고 있었다. 텔레비전의 스위치를 켜는 것은 당치도 않은 일이다. 하물며 아내가 켠 텔레비전의 스위치를 끄는 것이 가능한 일일 리가 없다. 만일의 사태를 임시뉴스로 보도하게 될지도 모른다. 물론 선반 수리도, 책상 정리를 할 때도 아니다. 그런 요구를 하는 사람은 엄중하게 훈계하고, 단호히 거절한다.

시험 최종일에 들어서면 눈(雪 : 역자 주)이나 감독 실수로 시험을 처음부터 다시 시작하는 사태까지 가는 것은 아닌가 걱정된다.

시험이 끝나고 나면 상쾌하게 눈이 떠짐과 동시에 큰일을 수행한 성취감이 있다. 하지만 시험 덕분에 해마다 똑같이 바쁜 것이 배가 된다. 밀린 일을 정리하다가 꽤 오래 전에 도착한 재촉 메일에 답장을 썼다.

바빠서 답장이 늦어 죄송합니다. 답장을 쓸 수 없었던 것을 보더라도 바빴다고 하는 것이 거짓말이 아니라는 것을 아실 거라고 생각합니다.

솔직히 말씀드립니다만 바쁜 일에 쫓겨 아직 약속드린 원고는 완성하지 못했습니다. 변명의 메일을 쓰고 있는 것이 그 증거입니다.

학교에서는 참고문헌을 몇십 권씩 읽지 않으면 안 되고, 먼젓번 수업 예습에는 다섯 시간이나 걸렸습니다. 거짓말이라고 생각되시면 학생에게 물어봐 주십시오. 내가 수업 중에 그렇게 말했다고 분명히 증언할 것입니다.

게다가 이건 아직 아무도 알지 못합니다만, 사실은 작년 말에 다리를 삐어 보통 때의 속도로 걷는 것조차 불가능합니다. 거짓말이라고 생각되시면 오른발이건 왼발이건 원하시는 쪽을 질질 끌고 있는 모습을 보여드리겠습니다.

무엇보다도 센터시험에서 아주 중요한 임무를 맡아서 일을 할 수 있는 상황이 아니었습니다. 당분간 피로도 풀릴 것 같지 않습니다. 그 증거로 원고는 당분간 완성할 수 없을 것 같습니다.
   지금은 이 메일을 쓰는 것이 최선입니다. 그 증거로 메일을 쓰면서 욕조에 들어가려고도 해봤습니다만 정말로 할 수 없었습니다. 수면도 부족한 상태입니다. 그 증거로 눈을 뜨고 있을 수가 없습니다.
   그럼, 안녕히 주무십시오.

사람의 이름

 아무리 노력해도 사람 이름이 생각나지 않을 때가 있다.
 "음, 누구였지? 영화배우, 액션물 같은 데에 나오는 핸섬한, 언젠가 있지, 2주정도 전에 시부야에 있는 영화관에서 봤잖아. 그 영화에 나왔었지. 잠수함의 함장인가 부함장인가였던……."
 "응, 응! 그 배우……. 음……. 얼굴은 떠오르는데 이름이 뭐였지? 확실히 'J'자가 들어가는데, 이름인 긴 편인데……. 목구멍까지 나왔는데 뭐였지, 뭐였지? 재미있는 영화였던 것은 기억하는데 그 영화 이름은 뭐였지?"
 "그것도 생각해내려고 하고 있지만 생각이 나질 않아. 그 영화 본 후에 회전 스시 먹은 것은 확실히 기억하고 있는데. 영화관 가까이 있는데……. 맛있었지. 무슨 스시집이었지? 잠깐, 영화관 이름은 뭐였더라……."
 "역 앞에서 조금 걸으면 있었지. 큰 길가였는데. 무슨 길이었지?"

"음. 머리에서는 알고 있는데, 분하다. 음……. 무슨 얘기를 하다가 여기까지 왔지?"

점점 더 혼미해질 뿐이다. 하지만 당사자 두 사람은 무슨 이야기를 하고 있는지 충분히 알고 있다. 단지 이름이 생각나지 않을 뿐이다. 이름이 생각나지 않아도 이야기는 통하니까 이름이 그 정도로 중요한 것은 아니다.

단지 이야기하고 있는 상대의 이름이 생각나지 않으면 상대방이 기분 나빠하기 때문에 성가신 것뿐이다. 대학에 있으면 학생이 해마다 바뀌기 때문에 학생의 이름을 도저히 기억하고 있을 수 없다. 오래도록 함께 근무해왔던 동료 이름도 바로 입 밖으로 나오지 않는 것도 그 때문일 것이다.

엘리베이터 안에 학생과 함께 탄다. 자주 보는 얼굴인데 이름이 생각나지 않는다. 계속해서 아무 말도 하지 않고 가만히 있는 것은 좋지 않다. 엘리베이터를 타고 있는 동안 내가 그의 이름을 기억하지 못한다는 것을 눈치 채지는 못했을 것이다. 별 문제가 되지 않는 것을 물어봤다.

"졸업 논문은 냈습니까?"

"저, 아직 2학년입니다."

"에……. 그, 그랬나? 어떻게 해서 4학년에서 2학년으로 됐지?"

"처음부터 그러셨습니다. 선생님이 졸업 논문을 말씀하신 것은 이걸로 두 번째입니다."

"조, 졸업 논문은 2학년부터 준비하도록 해요."

지금 몇 학년인가 하는 아무래도 상관없는 정보가 학생들에게는 중요한 것 같다. 기분이 상한 모습이었다.

이런 찜찜한 경험을 거친 지금에서는 ① 졸업 논문과 관련한 화제는 피한다. ② 절대로 엘리베이터는 타지 않는다. 이 두 가지를 항상 염려하고 있다.

추천장을 써달라는 부탁을 받을 때도 잘 알고 있는 학생인데 아무리 해도 이름이 생각나지 않았다. 게다가 적당히 이름을 쓰면 화낼 것 같은 타입이다.

궁여지책으로 나는 종이를 건네주고 "자네 이름이 어떤 글자였는지 써주지 않겠는가?" 하고 부탁한다. 나다운 대안이었다. 학생은 경악할 것 같은 얼굴로 그 종이에 '다나카'라고 썼다.

나는 당황한 사람처럼 바로 일어섰다.

"다나카 정도는 알고 있다. 내가 알고 싶은 것은 성이 아니라, 이름이다."

만약에 다나카 미도리라고 썼다면 생년월일을 알고 싶었다, 라고 말하지 않으면 안 되는 상황이었다.

이름을 잊어버리는 경향은 해를 거듭하면서 점점 더 심해지고 있다. 어쩌면 자기 이름이 해리슨 포드일지 모른다고 생각할 수도 있다.

자기 이름 이상으로 기억해두지 않으면 안 되는 이름이 있다. 자기 부모나 아내 또는 연인의 이름이 바로 그것이다.

그런 상대의 이름이 생각나지 않는다면 "잠깐, 기다려! 지금 생각이 나려고 하니까 1분만."이라든가 "힌트 주지 않을래?"라고 부탁해도 용서 받을 수는 없다. 이런 경우는 체념하고 "당신, 누구셨

지요?" 하고 물어볼 수밖에 없다.

  어떤 학생에게 물어봤는데 그녀의 할아버지와 할머니는 간호보험 인정을 받기 전 날 자기 자식들의 이름, 손자·손녀 이름, 자기 생일, 주소, 전화번호 등을 연습하고 있었다고 한다. 나도 이제 슬슬 연습하는 편이 나을지도 모른다. 그리고 간호보험 인정을 받기 전날 밤만이라도 연습을 그만두는 것이다. 이것을 꼭 기억해두지 않으면…… 안 된다.

의외의 결과

평소 나를 무시하고 있던 사람들이 최근 나에게 흥미를 갖게 되었다. 나를 보면 예외 없이 "무슨 일이 있으십니까?" 하고 물어온다.

내가 사람을 놀래킬 정도로 갑자기 멋있어졌나 하고 생각했지만 "발, 왜 그러십니까?" 하고 물어온다. 다리가 갑자기 길어졌는가 하고 생각했지만 "왜 질질 끌고 다니십니까?" 한다.

얼마 전부터 보행에 곤란을 느낄 정도로 오른쪽 다리를 질질 끌고 있다. 어느 날 아침 일어나보니 발등이 아픈 것이다. 아마 무언가에 접질려 힘줄이 다친 것 같다.

하지만 열흘이 지나도 나을 기미가 보이지 않는다.

거꾸로 발의 통증은 더해가고 검붉은 색으로 얼룩져 갔다. 발 위에 사전을 떨어뜨려도, 텔레비전 리모컨을 떨어뜨려도, 고슴도치를 떨어뜨려도 하늘로 솟을 만큼 아파야 한다. 코끼리를 태웠다면 굉장히 아파야 할 것이 당연하지만 무거워서 위로 날을 수는 없을 것이다.

찜질방법에 문제가 있나 하고 생각해서 가까운 개인병원에 진찰을 받으러 갔다. 진찰 결과 의외였다. 뢴트겐사진을 보여주면서 의사가 설명했다.

"여기를 보세요. 뼈에 금이 갔습니다."

금이라고 하면 듣기에 좋지만 균열골절이란다. 나는 나의 고통이나 불행을 너무 가볍게 생각하는 경향이 있다. 찜질은커녕, 휠체어나 소나무 부목이 필요했던 것이다.

의사가 원인을 설명했다.

"원인으로 생각할 수 있는 것의 첫 번째는 피로골절입니다."

피로골절을 듣고 나는 금속피로를 떠올렸다.

철사를 몇 번씩 구부리면 부러지고 마는 현상이다.

의사는 입 밖에 내지 않았지만 내 발이 어떤 것 때문에 철사처럼 구부러질 가능성이 있다고 눈짓했다.

의사는 또 의외의 말을 했다.

"또 하나의 원인으로는 뼈의 창상일 가능성도 있습니다. 대학병원에서 정밀검사를 받아보십시오." 창상이라고 하면 듣기에 나쁘지만 암이라고 해도 느낌은 좋아지지 않을 것이다.

그렇게 큰일이라고는 꿈에도 생각하지 못했다. 찜질이나 소나무 부목을 대는 것만으로 끝날 문제가 아니다. 잘 보면 두 장 찍은 뢴트겐사진 중의 한 장에는 어렴풋하게 원형의 그림자가 찍혀있다. 구형 또는 원반상의 모양이 분명히 있다.

의사는 그림자가 있는 쪽의 뢴트겐사진을 대학병원에 보여주라고 한다. 십중팔구 암이다. 나는 암도, 정밀검사도, 대학도, 병원도 싫다.

걱정이 돼서 의사인 선배에게 전화로 상담했다.

이 선배는 인간적으로 신뢰할 수 없을 뿐더러 어린이를 상대하면 얼버무릴 수도 있다고 생각했는지 전공이 소아과다. 그래도 아마추어보다는 낫겠지.

"다리가 아프고 부어올라서……. 처음에는 통풍인가 하고 생각했습니다."

"통풍은 의사가 보기만 해도 안다. 아무래도 자네가 좋은 걸 먹을 것 같아 보이지는 않잖아. 좋은 음식을 먹지 않았으면 통풍에는 걸리지 않는다."

"하지만 요전에 건강진단에서는 콜레스테롤이 높았습니다."

"콜레스테롤은 영양실조인 어린이라도 높아."

"영양실조일지도 모르지만 어린이는 아닙니다. 그것보다도 검사할 때 아픕니까?"

"걱정하지 않아도 돼. 통증은 없어. 자네가 아무리 검사를 많이 받아도 아플 리가 없다. 여러 가지 검사를 할 거라고 생각되지만……."

"설마 다리를 절단해서 조사한다고는 하지 않겠죠?"

"뭐야, 알고 있었나? 조심하는 편이 나아. 최근 들어 병원에서 오른쪽 다리를 왼쪽 다리로 알고 절단하는 일이 생기기도 하니까!"

"겁주지 마세요. 만약 암이라면 어떻게 됩니까?"

"아마 죽을걸. 암이 아니더라도 누구나 죽으니까."
"어떤 치료를 합니까?"
"다리를 자르지는 않을까?"
"예? 검사할 때 자르고 치료할 때 또 한 번 절단합니까?"
"검사 후에라도 또 한 쪽 남아 있잖아."
"농담은 그만 하십시오."
"사실은 전이가 됐는지 안 됐는지에 따라 다르다. 발목만 자를 수도 있고, 전이된 부분만큼 위나 아래까지 절단할 수도 있어."
 아마추어에게 상담하는 편이 더 나았겠다. 다음 날 각오를 하고 대학병원으로 갔다.

무사히 엽서를 부친 날

발등이 아파서 염좌인가 했더니 의사로부터 뼈에 금이 갔다는 진단을 받았다. 그냥 금이 간 것이라고 생각했는데 의사는 암일지도 모른다고 한다. 암인가 하고 생각했더니 이상하게도 건강체였다고 하는 꿈까지 꾸고 대학병원에 갔다.

병원은 예상을 뒤엎고 배려가 넘치는 시스템을 갖고 있었다. 일하고 있는 사람들도 친절했다. 자원봉사자까지 있어 수속하는 것을 도와준다.

어떤 것도 간단히 끝내지 않는 성질의 나임에도 수속을 잘못했다. 보통 병원이라면 '수속도 밟을 줄 모르는 것들은 가라.'고 하는 얼굴을 하고, "수속을 다시 한 후 또 한 번 차례를 기다리셔야 합니다. 하지만 그 사이 마감시간이 되면 내일 다시 나오십시오." 정도의 말을 듣게 된다.

만약 암이 아니더라도 암이 되어버릴 지경이다. 그런데 혼내지도 않고 "그렇다면 이쪽에서 하겠습니다." 하며 친절하게 말해 주었던 것이다. 지옥에서 만난 부처님이다.

환자는 병원에 가는 것만으로도 불안해서 가슴이 벅차게 된다. 마치 아내가 "말할 게 있다."며 곁으로 다가오는 것 같은 심정이다.

의사 앞에 다가갈 때에는 아내가 "거기에 앉아."라고 할 때처럼 불안과 긴장감이 고조된다.

병원이 그런 장소인 것만큼 내게는 조심성이 몸에 배어있다. 그렇지만 이 병원에서는 적어도 기품 있는 인물을 친절하게 대해주고 있는 것이 분명하다. 이대로 입원하고 싶어진다.

의사도 기품을 식별할 수 있는 사람이었다. 차분히 이야기를 듣고 정중하게 설명해준다. 뢴트겐을 찍고 오라고 해서 뢴트겐실에 갔더니 기사가 "어느 쪽 다리인가요?" 하고 묻는다. 순간 아무렇지도 않은 쪽의 다리를 내밀고 싶은 유혹에 사로잡혔다. 하지만 다리를 내미는 순간이 되자 속임수를 써서까지 좋은 결과를 내려고 하기에는 내가 너무 고결한 남자라는 생각이 들었다.

잘 찍힌 뢴트겐사진을 의사가 조명판넬에 붙이니 걱정했던 대로 환부에는 파친코 구슬 정도 크기의 그림자가 어렴풋이 보였다. 파친코 구슬이라면 선명하게 찍힐 텐데……. 목재나 종이 재질의 파친코 구슬일지도 모르지만 그런 것이 내가 알지 못하는 사이에 발 속으로 들어왔다는 것은 상상하기조차 어렵다. 아무리 생각해도 암이다.

의사는 망설이지 않고 선고했다.

"전형적인 피로골절입니다."

안도감으로 가슴이 벅차올랐다. 암인데 들키지 않고 끝나버린 것이다. 하지만 나는 희생을 해서라도 진실을 추구하는 남자다. 들킬 위험을 감수하고 물어봤다.

"저기 희미하게 찍혀있는 것은 무엇입니까?"

"이렇게 칼슘이 모여 뼈에 달라붙는 것입니다. 균열골절의 치료는 간단합니다. 2개월 정도 골절 부위에 부담을 주지 않도록 하는 것뿐입니다."

나는 1초라도 빨리 낫기 위해 최대한의 노력을 했다. 걸을 때는 세심한 주의를 기울이고 발뒤꿈치로 체중을 지탱하며 마라톤도, 선반 수리도 삼갔다.

극단적이라고 말할 수 있을 정도로 소중하게 다루어서 그랬는지 1개월 반이 지나니 통증은 거의 없어졌다. 그래도 나는 뭔가 긴장을 늦추지 않았다. 서둘러 우체통을 찾고 있을 때도 환부에 체중을 싣지 않도록 주의를 기울였다.

우체통이라고 하는 것은 찾으려고 하면 모습을 감추는 성질을 가지고 있지만 옳든 그르든 나는 우체통을 찾을 필요가 있다. 집을 나갈 때 엽서를 넣으라고 아내에게 부탁받은 것이다. 그날의 소인이 찍혀 있지 않으면 통신판매의 건강식품 배송료가 무료로 되지 않는 것이다.

그런 건 아무래도 좋다고 생각하는 사람이 있을지 모르지만 이것은 중요한 일이다. 배송료가 무료라는 점이 아니라 배송료가 무료라고 아내가 생각하고 있다는 점이 중요한 것이다.

책임감에 불타 우체통을 찾았기 때문에 경솔하게도 보도의 한

가운데에 철주가 있는 것을 몰랐다. 발 빠르게 걷고 있던 나는 철주에 부딪혔다. "앗!" 했을 때는 이미 늦었다. 넘어질 것 같아서 반사적으로 금이 나 있는 쪽의 다리를 뻗어 전 체중을 유지한 순간 극심한 통증이 나를 덮쳤다.

서 있지도 못할 정도의 극심한 통증으로 눈물이 흐르고 잠시 동안 그 장소에서 떠날 수 없었다.

반사신경이 너무나도 민감해서 여태껏 노력한 공이 순식간에 도루묵이 되었다. 한 달 반 동안 소중히, 소중히 다루었던 다리인데 순식간에 재차 상처를 입힌 것이다.

금 상태는 한 달 전으로 되돌아갔지만 그날 안에 무사히 엽서를 부칠 수 있었다.

좌석의 선택법

 덜컹덜컹거리는 전차에 타면 어디에 앉을까? 틀림없이 선반이나 손잡이에 앉는 사람은 별로 없을 것이다.
 차내에 젊은 여자, 젊은 남자, 중년 여자, 중년 남자가 여기저기 앉아 있는 경우 아내의 관찰에 의하면 남자는 반드시 젊은 여자 옆에 앉는다고 한다. 화를 낼 것 같아서 그때는 반론을 삼갔지만 남자 중에도 예외는 있다. 자기 본성을 들키지 않으려고 억지로 젊은 여자 옆을 피하는 남자도 있다.
 아내의 말로는 젊은 여자가 전차를 탔는데 빈자리가 몇 개 있는데도 굳이 아내 옆에 앉은 적이 있다고 한다.
 세상에는 죽음을 두려워하지 않는 여자도 있나 보다. 보통이라면 다른 칸으로 옮겨도 이상하지 않은 경우이다. 아마 그 전차가 한 칸 뿐이어서 아내의 얼굴을 보지 않은데다가 장소가 거기밖에 없었던가 보다.
 조교에게 물어보니, 이런 상황에서는 자신 역시 중년 여자 옆에 앉는다고 한다.

　이유는 ① 중년 여자 옆이면 귀찮은 일이 일어났을 때 도와줄 것 같은 기분이 든다. ② 젊은 남자도, 중년 남자도 귀찮은 일을 일으킬 것 같은 기분이 든다. ③ 젊은 여자 옆에 앉으면 젊은 여자가 둘이 되어 남자가 점점 더 옆에 앉고 싶어 하는 결과를 부른다. ④ 중년 남자는 징그럽다. ⑤ 중년 남자는 추접스럽다. ⑥ 중년 남자는 냄새난다 등……. (이하 생략)

　이런 의견이 일반적인가 하고 생각하게 된 사건이 일어났다. 병원 대합실에서 2인용 의자에 앉아 기다리고 있는데 젊은 여자가 와서는 내 옆에 코트랑 가방을 놓았다. 다른 곳도 비어 있는 자리는 많았다. 각기 남자나 여자가 여기저기 앉아 있다. 그런 중에 억지로 내 옆을 선택한 것이다. 그 자리는 통로를 사이에 두고 있지만 그 외에 특징은 없다.

　이 여자의 행동은 아주 적절했다고 느껴졌다.

　이런 경우 자칫하면 남자는 오해하기 쉬운 것이다. 나는 여자의 행동에 특별한 의미를 두지 않으려고 노력했다. 여자 테러리스트가 내 목숨을 노리고 폭탄이 든 가방을 두었다든지 나를 스파이로 오해해서 정보를 건네주려고 한다는 특별한 의미를 두는 것은 어리석다. 솔직한 눈으로 사실을 보면 알 수 있는 것처럼 여자는 단지 나에게 호의를 가진 것뿐이다.

　여자는 코트와 가방을 놓은 채 화장실로 갔다. 나는 언제 진찰실로 불려갈지 모르기 때문에 화장실에 갔다 올 여유는 없었다. 잠깐 정도는 참을 수 있지 않은가.

이런 생각을 하고 있을 때 여자가 화장실에서 나와 코트랑 가방을 손에 들었다. 용무가 떠올랐는지 나에게는 눈도 주지 않고 가 버렸다.

호의를 표현하는 것에 서툰 여자다. 틀림없이 짐을 놓은 것만으로도 있는 용기를 다 낸 것임이 분명하다. 어째서 내 주변에는 소극적인 여자만 있는 것일까.

지난번 밸런타인데이 때도 그랬다. 분명히 나에게 초콜릿을 주고 싶어 했던 여자가 통근길에서부터 대학에 도착해서까지 합계 200명은 됐는데 공교롭게도 내가 바빠서, 혹은 건네받을 여유가 없어서 모두 나에게 건네 줄 기회를 놓친 것이다. 그녀들은 어쩔 수 없이 주고 싶지도 않은 다른 남자에게 줘버린 걸까? 딱하다.

젊은 여자가 내 옆에 앉으려고 했다는 엄연한 사실을 듣고도 조교는 매정했다.

"그 사람은 단지 짐을 도둑맞지 않도록 사람 있는 곳에 놓은 것뿐이에요."

"그러나 본 적도 없는 남자 옆에 짐을 놓는단 말인가? 적어도 나를 신뢰하고 있다는 것이 분명해. 실제로 나라면 절대로 자네 옆에 짐을 놓지 않을 텐데······."

"선생님이 제 옆에 짐을 놓는다면 쓰레기통에 버리죠."

"봐라. 신뢰관계가 없으면 이렇게 되는 것이다. 이상하겠지만 내가 아무리 핸섬하다 해도 어째서 신뢰할 수 있다고까지 보인 것일까?"

"선생님이 신뢰할 수 있는 사람이라거나, 핸섬하다는 것은 아무도 모른다고 생각합니다. 나도 몰랐습니다. 그 여자 분도 선생님이 그런 사람이라고는 몰랐었다고 생각됩니다. 단지 선생님이 물건을 훔칠 배짱은 없고, 훔쳐서 도망을 간다고 해도 간단히 붙잡을 수 있다고 생각했기 때문이죠. 선생님, 너무 깊이 들어가지 마세요."

내가 자신을 잃고 약해져서 "자네야 말로 너무 얕게 들어가는 것 아닌가?"하니 조교가 말했다.

"그래도 실망할 것은 없습니다. 선생님께서는 짐을 보관해 주는 장사에 아주 적합하십니다."

이해할 수 없는 명령

 말이라고 하는 것은 유익한 정보를 전달하거나, 사람을 위로하기 위한 것이다. 허나 이 본래의 기능을 무시하고 사람을 괴롭히기 위해 사용하는 사람이 있다.
 개중에는 말을 사용조차 하지 않는 사람도 있다. 본래 턱은 음식을 먹기 위해 있고, 눈은 사물을 보기 위해 있지만 턱으로 나에게 지시하기도 하고 눈으로 나에게 명령하기도 하는 사람이 내 주변에는 집중적으로 존재한다. 그 때문에 '철학자라면 인류가 나아갈 길을 제시하라.'는 말을 듣지만, 나는 나의 일도 결정할 수가 없다.
 '돈을 쓰지 마!', '더 괜찮은 글을 써 봐!', '돈 내!', '더 나은 옷을 입어!', '순수해져 봐!', '거짓말하지 마!', '적극적으로 살아!' 등 이치에 맞지 않는 명령에 대응해야 하는 나는 매일 매일 노심초사하고 있다.
 하지만 명령이 언제나 유효한 것 같지는 않다. 개에게 '하늘을

날아 봐!' 하고 명령하거나, 유리를 보며 '다이아몬드로 변하라!' 고 명령하는 것은 의미가 없다.

인간에게도 의미 없는 명령이 있다. 예를 들어, 분명히 인간의 능력을 뛰어넘는 것에 대해서 명령하는 것은('백 미터를 3초에 뛰어라!', '50시간 동안 정좌하고 있어라!', '알이 굵은 수박을 통째로 삼켜라!' 등) 의미가 없다.

신경 안 써도 될 것 같은 것을 명령하는 것도('매일 호흡하시오!', '수박을 통째로 삼켜서는 안 돼!' 등) 의미가 없다. 절대로 실행될 것 같지도 않은 명령('식사는 한 달에 한 번만 해라!', '거기 있는 신문 집어 줘!' 등)도 무의미하다.

또한 당연히 이행할 수 있는 행위나 불가능한 행위를 명하는 것도 의미가 없는 것처럼 생각된다. 예를 들어 '먹는 음식을 소화시켜라!', '체온을 35도로 높여라!', '대머리 되지 마라!', '키를 늘여 봐!', 'IQ를 올려라!', '나이 먹지 마라!', '통증을 느끼지 마라!' 등이 그것이다. 이런 것들은 본인의 의도에 따라 좌우되는 것은 아니니까 명령하는 것은 의미가 없다.

그러나 다른 한편에서 보면 기묘하다고 여겨지는 명령문이 있다. 예를 들어 희로애락이나 애증과 같은 마음의 움직임은 통상 자기 의지로는 어떻게 해도 안 되는 것이라고 되어 있다. 이런 것을 명령하는 것은 의미가 없을 법한데 실제로는 '그런 남자를 좋아하지 마!', '나를 사랑해줘!', '실망하지 마!', '기뻐해!', '자신을 가져!' 등을 명령할 때가 있다. 이런 명령문에 어떤 의미가 있는지 이해할 수 없다.

하지만 마음이나 몸 상태에 관한 명령문은 일상에서 빈번히 사용되고 있다. 생각한대로 최선을 다해도 '이렇게 생각하시오!', '믿어줘!', '희망을 가져!!', '내가 노벨상 수상자라고 상상하시오!', '정신 차려!', '알아줘!', '기억해!', '잊어줘!', '힘 내!', '슬퍼하지 마!', '화내지 말아줘!', '작은 일에 불평하지 마!', '나쁘게 생각하지 마!', '무서워하지 마!', '재차 정신 차려!', '둔해져!', '무뎌져!', '선분 AB의 중점을 C라고 가정하시오!' 등 일일이 열거할 수가 없다.

더 이해할 수 없는 명령문도 있다. 위독한 상태에 있는데 '죽지 마!', 행방불명이 되었는데 '살아 있어 줘!'라고 부탁 받는다거나 출산을 앞두고 있는데 '이번에는 딸을 낳아 줘!' 하고 명령받았다면 어떻게 하면 좋을지 모를 것이다. 말도 모르는 갓난아이에게까지 '자라. 착한 아기야!' 하고 명령하고 있다.

다른 의미에서 이해할 수 없는 명령문도 있다. '검사결과가 이상없음이기를', '내일 좋은 날씨가 되기를', '이 복권이 당첨되길' 등과 같이 하늘이나 신에게 명령하고 있다고 밖에 생각할 수 없는 명령문이다. 인간에게 명령하는 것 같은 가벼운 기분으로 하느님에게 명령하면 과연 생각대로 효과가 있을까? 내 경우 결국에는 가까운 사람에게조차 단념해버리게 된다.

하물며 신에게 명령하는 그런 실례되는 일을 사람들은 잘도 한다고 생각된다. 주변의 어떤 사람이 신을 두려워하지 않고 이런 짓을 하는 것을 볼 때마다 반드시 벌 받을 것임에 틀림없다고 생각한다. '벌 받아라!' 그들은 아무렇지도 않게 신에게 명령하고 있는 것이다.

  이러니 나에게 명령하는 것쯤은 망설일 리가 없다. 그렇다고 해도 내가 주변사람들에게 부탁을 할 때는 왜 신에게 비는 것 같은 기분이 되어버리는 것일까?

에베레스트 산보다도 높다

　나는 권위가 없다. 내가 너무 겸손한 것도 원인 중의 하나지만 무엇보다도 주변의 인간들이 나의 권위를 인정할 안목이나 도량을 갖추지 못한 것이다. 하지만 그 사람들에게 눈을 뜨게 할 기회가 결국에는 왔다. 조교 두 명의 요청으로 사쿠라 모모코 상에게 받은 색지를 조교실에 장식하기로 한 것이다.
　색지에는 치비 마루코짱의 그림과 함께 '츠지야 선생님께……. 앞으로도 잘 부탁드립니다.'라고 쓰여 있었다. 이것을 장식하면 조교실을 방문하는 학생이나 동료, 세일즈맨, 비둘기, 바퀴벌레 등이 나를 다시 평가할 것이다. 조교가 이 색지를 매일매일 보고 있는 동안 나의 권위를 자각하는 것도 꿈은 아닐 것이다.
　즐거운 공상의 세계에 빠져있을 때 조교끼리 모의하는 소리가 들렸다.
　"액자에 넣을 때 츠지야 선생님의 이름만 종이로 가리면 돼."
　이 무슨 무례한 짓들인가. '츠지야 선생님께……. 잘 부탁드립니다.'라는 문구를 사쿠라 상에게 일부러 부탁해서 받은 걸 알아차린 것일까? 내가 주위 사람들의 존경을 얻기 위해 지불한 노력이 쓸모없게 되어도 괜찮다는 것인가. 이런 부류들을 교육했던 것은 내 인생에서 수많은 오점 중의 하나이다. 교육자로서 부끄러움을 금할 수 없다. 며칠 전에도 그랬다.

나는 식사할 때 차가 빠져 있으면 안 되는 바른 인간 중의 한 사람이다. 그날 보리차를 사는 것을 잊어버렸기 때문에 권위를 다해 조교에게 명했다.

"미안하지만 나에게 차를 주면 안 될까?"

하지만 권위를 갖고 허리를 굽혀 명하고 있는 은사에 대해 조교가 내민 것은 차가 아니라 "네?"라고 하는 의문문이었다. 무엇 때문인지 모르지만 그녀가 의문을 품을 상황은 아니었다.

사쿠라 상을 만났을 때 나는 궁핍한 상황을 호소했다. 호소할 상대는 사쿠라 상밖에 없다. 무엇보다 사쿠라 상은 잘못된 것을 보고 가만히 있지 못하는 타입의 사람이다.(나는 잘못된 일을 하지 않고는 있을 수 없는 타입이다.) 두 번째로 사쿠라 상은 나를 알고 있는 부류들하고는 다르다. 나를 아직 잘 모른다고 할 수 있겠다.

고맙게도 사쿠라 상은 조교의 부당한 태도에 화를 내며 '조교에게 팩스로 문서를 넣어 주겠다.'고 말해주었기 때문에 나는 기쁜 마음에 들떠 팩스 번호랑 조교 이름을 가르쳐 주었다. 다음날 조교에게 팩스가 도착했다. '① 츠지야 선생님께 신세를 많이 지고 있습니다. ② 사쿠라 모모코라는 사람입니다. ③ 츠지야 선생님은 훌륭한 선생님이니까 아주 소중히 해주십시오.'라는 내용으로 소학생도 이해할 수 있는 평이한 말로 명확하게 쓰여 있었다. 바른 정신의 인간이라면 깊이 반성하고 눈물을 흘리면서 마음을 고쳐먹을 것이다. 조교는 특히 ②의 부분에 감동받은 모습이었다.
"어떤가. 마음을 고쳤는가?"
"무슨 마음을 고쳤다는 것입니까? 저는 선생님을 소중히 생각하고 있습니다."
"호, 그것은 몰랐다. 어떻게 소중하게 생각하고 있지? 가르쳐주지 않을래?"
"선생님께 인사하고 있습니다. 그리고 학과회의 때 차를 내드리고 있습니다."
그러고 보니, 확실히 내가 인사를 하면 조교도 인사를 한다.(인사를 하면 무엇을 받을 수 있을까 생각하는 게 아니면 다른 인간으로 잘못 본 것이다.)
학과회의할 때 차를 대접해 주는 것도 사실이다.(다른 교수들에게 차를 대접하면서 특별히 나에게만 대접하지 않을 수 없기 때문인 것 같다.)
하지만 이런 당연한 것을 자랑하는 자체가 잘못된 것 아닐까? 이런 의문을 가졌을 때 조교는 말했다.
"저는 선생님께 깊이깊이, 마리아나 해구보다도 깊은 존경의 마음을 갖고 있습니다. 선생님의 인덕은 에베레스트 산보다도 높다고 믿고 있습니다."
이렇게 사람을 정면에다 두고 인간 됨됨이에 대해서 말하는 것을 듣고 있으면 마치 구름 위에 떠 있는 것 같은 기분이 들기 때문에 이상하다. 조교는 단지 입으로 적당한 말을 하고 빨리 그 곳을 모면하려고 한 것인지도 모른다. 아니면 '마리아나 해구보다도 높고 에베레스트 산보다도 깊다.'고 말하려다가 실수했는지도 모른다.

하지만, '에베레스트 산보다도 높은 인덕'이라고 하는 부분이 맞는 것만 봐도 내가 지나치게 생각하는 것일 가능성도 부정할 수 없다. 그런 경우에 대비해서 나는 높은 인덕의 선비답게 그 이상 추궁하지 않고 권위를 담아 그 자리를 떴다.

물건이 라이벌

전차에서 휴대전화로 말하는 것이 폐다, 실례다 라고 자주들 말한다. 폐가 되는 것이 중년 남자만은 아니라서 잘됐다고도 할 수 있지만 나에게 폐이자 실례되는 일을 아무렇지도 않게 하는 인간이 휴대전화는 실례라고 말하면서 화를 내고 있다. 어째서 화가 난다고 느끼는 것일까.

방약무인('옆에 있는 젊은이는 사람이 아니다.'의 뜻)하다고 해도 어째서 방약무인이 화가 난다는 것인가.

이 심리학적 문제를 나 나름대로 생각해봤다. 심리학자인 친구에게 물어봐도, 어차피 나나 조교가 생각하는 정도의 결과 밖에 얻지 못할 것이다. 휴대전화 전자파는 페이스메이커를 혼란시킨다고 하지만 그것만이 이유라면 '실례' 또는 '폐'라고 하지는 않을 것이다.(심장에 털이 자랄 것 같은 사람까지도 폐가 된다고 화를 내고 있는 것이다.)

그러면 휴대전화로 말하는 소리가 시끄럽기 때문일까? 하지만 보통 때 얘기하는 목소리와 같은 정도의 크기라도 휴대전화는 폐라고 생각하는 것이다. 처음부터 전차 안은 조용한 장소는 아니다. 전차는 철컥철컥 소리를 내고, '휴대전화는 삼가 주십시오.'라며 큰 소리의 안내방송이 나온다. 이런 방송 소리가 들리지 않으니까 실례라고 말하는 것은 아닐 것이다.

많은 사람들 속에서 한 사람만이 다른 행동을 하는 것은 용서할 수 없는 것이다, 라는 설명도 있다. 확실히 강의 중이나 영화관 안에서라면 그렇게 말하는 이유도 납득되지만 전차의 승객은 이야기를 한다거나, 잔다거나, 음악을 듣는다거나, 신문을 읽고 얘기하는 사람만이 특별히 이상한 짓을 하고 있다고는 생각지 않는다. 전차 속에서 지루해하는 사람도 있다. 그럴 때 타인의 전화를 들을 수 있다면 기뻐해도 좋을 것이다.(실제로 휴대전화 속의 이야기가 이상하게도 흥미롭다면 폐가 된다고 생각하지는 않을 것이다.)

나는 잠도 안자고 쉬지도 않고 연구를 10분간 계속한 끝에 하나의 결론에 도달했다. 이미 같은 의견이 나왔는지는 모르지만 그렇다고 한다면 그것은 우연의 일치이다. 상대성 이론이나 DNA의 나선형 구조도 나는 독자적으로 발견했지만 이미 같은 발견을 한 사람이 있었던 것이다. 올바른 이론은 일치하는 것이다.

타인의 휴대전화가 폐가 된다고 느껴지는 것은 전차 안에서 화장을 하는 것이나, 남녀가 새롱거리는 것을 괘씸하다고 생각하는 것과 같은 심리로 보인다. 화장하는 것도 새롱거리는 것도 전화하는 것도 본래 사적인 행위이고, 타인에게 보여지면 창피할 것 같은 행위이다. 그런데도 자기 눈앞에서 아무렇지도 않은 듯이 하는 행위를 보게 되면 자기가 배려받아야 하는 타인으로서 취급받지 못하는 듯한 기분이 들기 때문은 아닐까? 나라고 하는 인간이 흡사 존재하지 않는 것처럼 행동하는 것이 화가 나는 것은 아닐까?

화를 내는 것은 '나를 인간이라고 생각하고 있다면 부끄러울 게 분명하다. 그런데도 이 녀석은 창피해하지 않는다.' 나아가 '이 녀석은 나를 인간이라고 생각하고 있지 않든지 나를 존재한다고 생각하고 있지 않다.'고 생각하기 때문이다. 우리는 이 정도를 가지고 화낼 만큼 자기가 인간으로서 존재하고 있는 것에 자신이 없는 것이다.

인간은 물건으로 취급되면 화내는 경향이 있다. 예를 들어 실제로 물건 쪽이 가치가 있어도 물건으로 취급받는 것을 기뻐하지 않고, '그냥 물건과 똑같이 취급받는 것을 견딜 수 없어.'라고 생각한다. 인간은 물건과 맞서고 있는 것이다.

누구라도 '나 자신은 더 나은 사람으로 인정받아야만 하는 존재이다.'라고 생각하고 있다. '너의 어디가 인정받아야만 할 가치가 있는가?'라고 질문받으면 곤란하겠지만 '내가 낫다는 것을 인정해라.'라고 하는 것은 동물들의 세계에서도 볼 수 있는 원초적인 감정으로 생각된다. 타인은 자기를 보고 무서워한다거나 부끄러워해야만 한다. 물건으로 취급받는 것보다는 방해되는 사람, 폐가 되는 사람, 무서운 사람으로 취급받는 편이 좋은 것이다.

전쟁 중 포로가 된 일본인이 자기 눈앞에서 백인 여성이 당당하게 발가벗는 것을 보고 굴욕적이라 느꼈다던데 이것도 같은 심리이지 않을까? 게다가 '나를 아무렇지도 않게 봤다.'라든가 '나에게 눈을 맞추지 않는다.'라고 하는 이유로 화를 내는 것도 '나를 인정해 달라.'는 심리일 것이다. 나는 거기까지 요구할 마음은 없다. 주위사람들로부터 인간으로는 '어떻게 되어도 상관없는 노예', 물건으로는 '샌드백' 취급을 받고 있지만 나로서는 오히려 존재하지 않는 것처럼 그냥 가만히 놔두길 바란다.

신간 매상 올리기 작전

나의 신간 『소크라테스의 설교방법』이 잘 팔리고 있다. 발매된 지 일주일도 지나지 않았는데도 불구하고 이미 열 권이나 팔렸다.

"열 명이나 살 사람이 있을 리가 없다."고 말할지도 모르지만 한 번에 열 권 사는 인간도 있는 것이다. 여기에 자기가 쓴 책을 사는 것은 꼴불견이라고 하는 목소리도 있지만 그것은 친숙한 사람들에게 보내기 위해서 행하는 순수하고 존경스러운 행위이다.("어차피 그렇다면 다른 사람의 책을 보내줘."라는 말을 들으면 서까지 보내고 있는 것이다.) 게다가 타인에게 사라고 부탁하는 것보다 내가 사는 편이 확실성이 있다.

이번 신간의 표지는 시원시원한 디자인으로 게다가 냄비받침이나 컵받침으로 쓰일 수 있도록 생활방수 기능(0.1기압 방수)을 갖고 있어 물이나 간장을 흘려도 괜찮다.(실제로 시험하지 마시오.) 충격에도 잘 견디고, 고장도 잘 나지 않고, 시각 맞추는 것도 필요하지 않다.(실제로 시험하지 마시오.) 내용은 깊이가 결여된 대신에 평이해서 어린이에게도 무시당할 정도이다.(실제로 시험하지 마시오.)

베스트셀러의 조건도 충족시키고 있다. 나의 분석에 의하면 베스트셀러는 ① 감동을 줄 것 ② 유익한 정보를 줄 것 ③ 재미있을 것 ④ 생각하게 할 것 ⑤ 그 밖의 어느 것 등으로 분류된다.

내 책은 훌륭하게도 '⑤ 그밖의 어느 것'에 속한다.

이와 같은 특징을 갖고 있기 때문인지 발매 직후부터 대다수의 서점에서 눈에 띄지 않는다. 모르는 사람이 보면 상품이 딸리는 상태인지 절판된 것인지 판단하기가 어려운 상황이다.

나의 책을 일부러 갖다 놓지 않은 것이 서점의 식견이 높아서인지 낮아서인지도 판단하기가 쉽지 않다. 판매 상태를 보다 확실하게 하는 방법을 생각해봤다.

나의 책은 서점에 놓여 있어도 에세이나 오락책 코너에서는 보이지 않는 경우가 많다. 연예인 잡지 코너나 추천하는 책, 잘 팔리는 책의 선반에는 우선 없다. 종종 철학서 코너에 쥐 죽은 듯이 놓여있다. 나의 사람됨에 어울리게 그윽한 취급을 당하고 있다.

하지만 내 책이 아무리 고상하다고 해도 철학서의 코너에 놓이는 것은 바람직하지 않다. 일반적으로 철학서의 이미지는 '심오하고 난해하다.', '졸립다.', '머리가 아프다.', '사고 싶은 마음이 생기지 않는다.'고 말하는 것들이다. 이 이미지에 내 책의 특징인 경박하고 유치한 이미지를 더하면 전체적으로 팔림새가 불리한 이미지가 되어 버린다.

이 같은 서점의 방침에 대항하는 자위 수단으로서 저자가 적당한 장소로 자기 맘대로 배치를 바꾸는 방법을 생각할 수 있다. 가장 효과적인 것은 철학서 코너에서 '매상 베스트 10'이나 '추천하는 책'의 선반으로 옮기는 것이지만 내 경험으로는 바로 원래대로 되돌려져 버린다고 하는 결점이 있다. 에세이나 오락책의 코너로 내 책을 이동하는 것도 상당한 배포를 필요로 한다. 특히 서점이 빌딩으로 되어 있어서 철학서와 오락책이 다른 층에 있는 경우 차라리 '철학서'와 '오락·에세이'라고 쓰여 있는 표시판을 교환하는 편이 간단하다.(꼭 실제로 시험해 주십시오.)

나의 지명도가 낮은 것도 불리한 점이다. 서점에서 "츠지야 켄지의 책을 주십시오."라고 해도 서점에서 모르기 때문에 "없습니다."라고 단호하게 대답해서 살 수 없었다고 하는 이야기를 자주 듣는다. 책을 사러 간 나 자신도 '츠지야 켄지의 책'이라고 해야 하는 상황에서 '브래드 피트의 책'이라고 말을 잘못할 것 같은 두려움이 있다. 처음부터 '츠지야 켄지의 책을 사고 싶다.'고 생각한 단계에서 '이이지마 아이*의 책을 사고 싶다.'라고 잘못 생각할 것 같은 두려움도 있다.(실제로 시험하지 마십시오.) 이러한 사태는 일본 문화면에서도 큰 손실…… 일지 유익할 것인지 판단하기 어려운 상황이다.

나 같은 인간이 지명도를 높이기 위해서는 사건을 일으키면 된다고 하는 의견도 있다. 하지만 잡지의 얼굴을 더럽히면서까지 '츠지야, 자기 책을 2권 훔쳐서 체포되다.'라고 〈주간 문춘〉에 실려(편집장님, 실제로는 시험하지 마십시오.) 이름이 알려지더라도 살 사람이 증가할 거라고는 생각할 수 없다.

인상 깊은 필명을 사용하는 것도 한 가지 방안일지도 모른다. 예를 들어 다이옥신 츠지야, 시클라멘 기무치, 아르마지키* 아르마딜로, 모닝구 아저씨* 등은 어떨까?

이이지마 아이 : 일본의 유명한 포르노 배우
아르마지키 : '있어서는 안 될'이라는 뜻
모닝구 아저씨 : 일본의 유명 걸그룹 '모닝구 무스메(아침의 딸)'를 흉내 낸 이름

졸업생에게 보내는 말

졸업을 축하합니다. 졸업 정도에 '축하'라는 말은 너무 오버하는 게 아닌가 하는 생각이 듭니다. 마치 개가 덧셈을 한 것처럼 야단스럽게 축복하는 것은 실례입니다. 그러나 여러분을 가르쳤던 사람이라고 해서 한마디 합니다만 여러분의 졸업은 개가 원주율을 구한 것에 필적할만한 공로입니다. 앞으로도 만약에 결혼할 것 같은 일이 생긴다면 '잘했다.'라고 축복하지 않으면 안 되겠지요.

재학생도 교수도 여러분의 졸업을 기뻐하고 있습니다. 오해 없도록 말해둡니다만 여러분이 졸업해서 나가는 게 기쁜 것이 아닙니다. 여러분과 달리 저는 대학에 남겨져 있는 게 기쁜 것입니다. 물론 여러분도 대학을 떠날 수 있어서 기쁘기 그지없을 것입니다. 모두들 이렇게 좋아한다면 처음부터 입학을 허락하지 않았으면 더 좋았던 것은 아닐까 하는 생각도 했습니다.

그러나 저만큼은 다릅니다. 여러분과 헤어지는 것이 아플 만큼 괴롭습니다. 이 괴로움, 아픈 마음을 아시겠습니까? 마치 오래도록 아파했던 사랑니를 빼는 것 같은 아픔입니다. 할 수만 있다면 여러분을 놓고 싶지 않습니다. 되도록 졸업시키고 싶지 않습니다. 다른 사람들에게 신경 쓰이게 하고 싶지 않습니다. 방치하고 싶지 않은 그런 심경입니다.

 이 4년 동안 저는 미력을 다할 생각으로 지냈습니다. 그리고 지금 여러분이 그럭저럭 한 사람 몫의 인간으로 당당히 서야 함에도 '올해도 실패했구나.' 하는 생각을 금할 수 없습니다. '역시 스승인 내가 당당한 한 사람으로 서는 수밖에 없겠구나.'라고까지 생각하지 않게 되기를 바랐습니다. 딱 잘라 말합니다만 당당한 한 사람으로 설 수 없는 스승에게서도 당당히 한 사람 몫을 해내는 인간이 배출될 수는 있습니다. 아무쪼록 '스승이 제 몫을 하는 인간이 아니었다.'라고 하는 핑계는 대지 마십시오.

 기뻐할 수 없는 이유는 이것 말고도 또 있습니다. 여러분이 저의 강의를 들었던 것입니다. 앞으로 여러분이 학교 이외의 사람들에게 무엇을 말할까 불안하지 않습니다. 나의 수업을 들었다면 꾸밀 필요도 없습니다. 단지 한마디 '멋있어!' 또는 적어도 '졸면서 듣지는 않았다.' 정도는 말해주길 기원합니다. 만약 진실을 폭로하는 일이 생긴다면 나는 여러분의 성적을 공개할 생각입니다.

 어쨌든 여러분은 졸업했습니다. 사람들은 '요즘 젊은이들은 대학을 나왔어도 아무 것도 배우지 않았어.'라고 하는 오해가 만연해 있습니다. 이 오해를 없애고 싶다고 생각합니다. 졸업했기 때문에 무언가 배운 것이 있을 것입니다. 수업료 내는 방법이라든가 대학 주소라든가.

여러분은 새로운 출발에 힘이 넘쳐 있지만 현재 일본은 어려운 상태에 처해 있습니다. 정치의 빈곤, 경제의 저조, 교육의 황폐, 내 책의 팔림새가 부진한 것 등 문제가 산적해 있습니다. 여러분이 사회에 나가면 한층 더 문제가 늘어날 것입니다. 개인적으로도 문제가 산적해 있을 것입니다만 여러분에게는 다행스럽게도 그것을 느끼지 못하는 만큼의 대담함이 있습니다. 이 대담함을 가지고 대항한다면, 어떤 어려운 상황에 놓여도 어려움을 느끼지 못한 채 살아갈 수 있을 것입니다.

불황이므로 여러분이 취직할 회사에 절대적으로 의지할 수는 없습니다. 특히 여러분을 채용하는 회사는 신용할 수 있는 곳이 아닙니다. 틀림없이 회사 쪽은 더더욱 여러분을 신용하고 있지 않을 것입니다. 마치 여러분이 나를 보는 듯한 불신의 눈으로 여러분도 보여지게 되는 것입니다. 원인과 결과는 돌고 돈다고 합니다. 이것은 당연한 인과응보이니까 걱정할 것 없습니다.

그 밖에도 '여자인데 상대를 얼러줄 줄 모른다.', '실력을 과대평가해주지 않는다.', '미용과 식욕이 양립하지 않는다.', '결혼생활이 순조롭지 않다.', '자식들이 생각한대로 되지 않는다.' 등의 문제로 고통을 받을 것입니다. 이것도 당연한 것들이므로 걱정할 것은 없습니다.

안타깝게도 세상에는 여전히 여러 가지 편견들이 있습니다. 여러분은 금후 그러한 편견과 싸우지 않으면 안 됩니다. '여자니까 친절할 것이다.', '여자니까 가냘플 것이다.', '여대 출신이니까 미인에다 머리가 좋을 것이다.'라고 하는 말할 필요도 없는 편견과 싸우지 않으면 안 됩니다. 여러분이라면 이러한 편견을 간단히 타파할 것입니다.

  여러분의 활약과 나의 건강을 기원합니다.

친절한 거짓말

신입생 여러분에게

입학 축하드립니다. 여러분들은 지금까지 대학에 들어가기를 꿈꾸며 공부했다고 생각합니다. 저는 초등학교에 입학한 이래 오십 년 가까이 학교에 머물러 있었다는 계산이 됩니다만 학교에 매일 가는 것이 어릴 적부터의 꿈이었습니다. 그래서 한밤중 자주 악몽에 시달리기도 했습니다.

여러분도 좋아하고 있을지 모르지만 가슴에 손을 얹고 생각해 보십시오. 분명히 학교가 싫을 것입니다. 적어도 학교 복도에 세워져 있다든지 학교 건물의 지붕에서 떨어지는 것은 싫을 것입니다. 그런데도 학교가 좋다고 하는 사람이 있다면 그 사람은 나의 강의를 들어본 적이 없다고 단언할 수 있습니다.

학교가 싫은데 입학한 게 어째서 기쁜 것입니까? 아마 대학은 지금까지 다녔던 학교와는 다르다고 생각하고 있기 때문 아닐까요? 분명히 대학은 학문을 좋아하는 사람에게는 천국입니다. 세금 내는 것을 좋아하는 사람이 기뻐하며 세무서에 가는 것과 같은 것입니다. 그러나 학문을 싫어하는 사람이 대학에 입학하는 것은 집에 돌아가고 싶지 않은 사람이 귀가하는 것과 같은 것입니다. 귀가 거부의 심리를 알지 못하는 사람은 형무소에 가는 것을 생각해 주십시오.

그럴 리가 없다, 고생해서 들어갔고 게다가 입학금에 수업료까지 내고 있으므로 대학에는 학문과 같이 별 볼 일 없는 것 이외에도 더 괜찮은 게 있을 거라고 생각하고 싶을지도 모릅니다.

그러나 고생했다고 해서 또 돈을 뺏겼다고 해서 그것을 보상받을 수는 없습니다. 저는 대학에서도 가정에서도 고생의 연속입니다. 돈도 조교나 아내에게 뺏기기 일쑤입니다. 그런데도 불구하고 상황이 더 안 좋아집니다. 보기만 해도 불행할 것 같은, 이 가난한 인상이 모든 것을 말해주고 있습니다.

상세한 것은 생략하겠습니다만 저도 처음부터 불행하지는 않았습니다. 초등학생 때부터 급식시간이 되면 내가 좋아하는 마가린을 여자애 몇 명이 앞을 다투면서 주었던 것입니다. 지금 그런 이야기를 하면 "분명히 그때 마가린은, 먹어 봤던 남자애를 찾아 볼 수 없을 만큼 맛없었다."고 잘 알고 있는 듯한 얼굴로 말하며 아름다운 추억을 밟아 뭉개는 사람이 있는가 하면, "그런 옛날이야기는 신용할 수 없다."고 하는 사람도 있습니다. 옛날 일을 신용할 수 없다고 한다면 눈앞에 있는 내가 핸섬하다고 하는 것은 신용할 수 있는가 하고 묻고 싶습니다.

학교라고 하는 세계에 50년을 바친 나에게 고작 이런 결과만 남았습니다. 이런 현상과 관련해서 여러분에게 꼭 말하고 싶습니다.

저는 최근 커피숍에서 디저트 대신 토스트를 먹습니다만 버터든 마가린이든 둘 다 양이 적고 게다가 토스트의 굵기랑 균형도 맞지 않습니다. 오해하지 않길 바랍니다. 저는 토스트를 얇게 하라는 말을 하는 것은 아닙니다. 다만, 버터랑 마가린을 지나치게 아끼는 자세로는 소비 마인드가 얼어붙어 경기 회복을 기대할 수 없다는 것입니다.

현재 일본의 주가는 저조하고 빨리 경기가 회복되지 않으면 큰 일이 날 것이라는 게 눈에 보입니다. 지금에 와서 나는 무슨 일이 있을 적마다 주식 산 것을 후회하고 있습니다. 팔려고 해도 팔 수 없을 정도로 주가는 내려가고 있습니다. 더 이상 주가가 내려가는 사태는 상상하고 싶지도 않습니다.

경기 회복을 위해 최근 불량채권의 직접 매각이 실행되려고 합니다만 당연히 고통이 따를 것입니다. '대학의 불량채권', '출판사의 불량채권' 어떤 때는 '불량세균'으로도 불리워지고 있는 내가 직접 매각되니 아프지 않을 까닭이 없습니다. 내가 쓴 책은 곧바로 '불량재고'가 되고, 한층 더 처박혀 있고 싶지만 처박혀 있을 장소도 공원 정도밖에 없습니다.

공원 벤치도 최근에는 가운데에 칸막이가 생겨서 드러누울 수 없습니다. 규제도 많고 공놀이도 할 수 없습니다. 내가 개라면 똥을 눌 수도 없고, 비둘기라면 먹이도 받을 수 없는 것입니다. 그네를 타려고 해도 어린아이를 데리고 놀고 있던 엄마가 방해 받았다는 듯 도망가 버립니다.

철봉에 매달려 회전운동을 하려고 해도 요즘 공원에는 철봉이 없습니다. 어차피 회전운동은 할 줄도 모른다며 스스로를 위로합니다. 사실은 차오르기도 할 줄 모릅니다. 바보처럼 벤치에 앉아 있을 수밖에 없습니다만 몇 년 전부터 꽃가루 알레르기입니다. 이상, 축하의 말을 할 수 있게 해주서서 고맙습니다.

중년 여자가 떠난 뒤

 나는 가끔 작은 가게에서 재즈 라이브 연주를 한다. 손님은 기껏해야 몇 사람뿐이다. 밴드 실력만 봐서는 손님이 한 명이라고 해도 너무 많은 것이다.
 전에는 가게에 갔더니 손님이 없었다. 오늘은 자유롭게 연주할 수 있다고 좋아했지만 기쁨은 오래가지 않았다. 알고 지내는 중년 여성이 친구들을 불러내어 여섯 명이 그룹으로 방문한 것이다.
 중년 여성은 한 명만 있더라도 그 존재감이라는 것이 압도적이다. 여섯 명이 모여 있으면 마치 육백 명이 있는 것처럼 생각될 정도다. 여섯 명의 모임이라고 하기보다는 세 개 사단, 원산폭격, 초울트라 매운 카레, 연쇄도산, 인권유린이라고 말할 수 있을 정도의 박력이다.
 중년 여성은 또 이상할 정도로 밝다. 제각기 가정이 있지만 문제나 걱정은 영원히 찾을 수 없을 것 같다. 어떤 생물이라도 고민·그늘·비애라고 하는 요소가 어딘가에 조금이라도 있을 것이다.(개·말·소·바퀴벌레·중년 남자를 보라.) 이런 것들을 생각하지 않는다는 점에서 중년 여자가 우월하겠지만, 적어도 생물이 아니라는 것만은 알 수 있다.

그녀들은 나를 보며 입에서 입으로 '굉장해! 너무 핸섬해. 마치 브래드 피트같애!' 하고 환성을 지를 생각이었는지도 모르지만, 실제로는 "어디가 브래드 피트야?", "가난한 인상이네."라는 등의 이해되지 않는 말을 할 뿐이다. 여자는 모두 자기가 좋아하는 물건에 대해서는 명확하게 표현하지만 나에 관한 이야기는 이상하게도 표현이 부정확해진다. 한 사람이 질문했다.

"자주 브래드 피트라는 말을 쓰시는데 항상 브래드 피트를 의식하고 계십니까?"

마치 "스스로를 산양이라고 생각하고 있습니까?" 하며 돼지에게 질문하는 듯한 말투이다.

"저 자신은 의식하고 있지 않습니다. 브래드 피트같은 사람과는 라이벌도 아니고, 브래드 피트 정도의 남자와 비교되는 것은 마음에도 없는 일입니다. 어째서 원숭이랑 비교할 수 없는 지가 의문입니다. 단지 주위에서 브래드 피트하고 자주 비교하는 것뿐입니다. '브래드 피트하고는 아주 다르다.'고 해서······."

"실례죠. 아무리 봐도 브래드 피트와는 아주 다르니까 자신을 가지세요. 또 브래드 피트는 피아노 같은 것은 못 칠걸요? 피아노는 언제 시작했습니까?"

"마흔 살이 넘어서 부터입니다."

"굉장해~ 천재십니다!"

"역시 그렇게 생각하십니까? 사실은 저도 전부터 어렴풋이 그런 것 아닌가 하고 생각하고 있었습니다만 모두가 깔보아서 어쩌면 나는 천재가 아닐지도 모른다고 생각을 바꿨던 참입니다."

이 여자가 천재라고 말하는 것도 어차피 내 연주를 듣기 전까지의 일이다. 다른 여자가 말했다.

"당신의 문장은 웃긴데다가 본질을 꿰뚫고 있다고 생각합니다."

"나도 사실은 본질을 찌르고 있는 것은 아닌가 하고 어렴풋이 느꼈습니다."

"특히, 자신에 대해 '가난한 인상'이라고 쓰고 있는 부분에서는 완전히 본질을 찌르고 있습니다."

이런 사람들 앞에서 제대로 된 연주를 할 수 있을 리가 없다. 지금 생각해봐도 연주를 듣기 전에 돈을 내주고서라도 돌아가라고 하지 않았던 게 후회된다. 그러면 아마 '연주에 질려버려서 말을 할 수 없게 되었을까?', '너무 많이 떠든 나머지 피곤해 잠든 것은 아닌가?' 하고 생각해 버렸을 것이다. 실제로 연주 전, 짧은 동안에 그 사람들은 자기가 중년 여자인 것을 핑계 삼아 쉼 없이 마시고 먹고 하면서 이 책에 쓴 것보다 열 배에 해당하는 분량을 떠들었던 것이다. 정상적인 성인이라면 일주일분에 상당하는 발언량이다. 피곤하지 않을 수가 없다.

연주는 그 사람들 때문에 언제나처럼 불완전한 채 끝나버렸다. 보통, 연주가 끝나면 손님도 나의 밴드 멤버도 고문에서 해방된 것처럼 안도감과 피로감을 느끼지만 그녀들은 연주 후에 더더욱 힘이 솟고 있다. 시끄러웠던 악기 소리가 정숙함과 동등한 것처럼 느껴졌다. 연주 후 킥킥대며 시끄러웠다고 말하는 것 이상으로 야유와 분노에 둘러싸인 것 같은 기분이 들었다.

그녀들은 떠들고 싶은 만큼 떠들고 나서야 떠났다. 폭풍 후의 정숙과 평온이 찾아왔을 때 지금까지 있었던 것은 음악의 세계가 아닌 아비규환의 세계였던 것을 멤버 전원이 느꼈다. 거대한 무언가가 발버둥치며 나간 것 같은 느낌이 들어 다친 사람이 생기지 않은 것이 기적이라고 생각되었다. 그 일 이후 이명耳鳴이 계속되었다.

다음 날 아침, 그녀들한테서 메일이 왔다.

'재즈를 해볼까 생각했습니다만 그만두었습니다.'

'여러분이 자기 위주로 음악을 사랑하고 있다는 것이 느껴졌습니다.'

'굉장한 연주였습니다.'

'귀에 강렬하게 새겨져 귓가에서 맴돕니다.'

요즘 노래는 노래 같지 않다

지난번에, 동생네 가족과 가라오케에 갔다. 남동생의 애들이 요즘 유행가 부르는 것을 듣고 나는 위기감이 들었다. 남동생한테도 아이들에게도 아니었지만 나에게 위기감을 느낀 것도 아니다.(이들에게는 옛날부터 위기감을 갖고 있었다.) 요즘 노래에 위기감을 느낀 것이다.

젊은 애들이 모닝구 무스메 등과 같은 상태 좋은 노래를 차례차례로 부른 후에 남동생이 "나에게도 마이크 좀 줘."라며 마이크를 빼앗았다. 그 일을 경계로 분위기가 일변했다. 그때까지의 활발하고 밝은 곡과는 달리 남동생이 부른 노래는 「우산이 없다」로 시작해서 「애수열차」, 「고성」으로 이어졌다. 젊은 애들의 노래랑 비교해서 너무나도 어두웠기 때문에 아이들이 배를 잡고 웃었다.

열심히 노래하고 있는 부모를 보고 아이들이 웃는다는 것이 나는 어이없어서 아무 말도 못했다. 아무 말도 못한 것은 나 자신도 열심히 웃고 있었기 때문이기도 하다. 하지만 나는 웃어도 괜찮다. 아이들과는 입장이 다르다. 첫 번째로 나는 형이다. 두 번째는 그 중 한 곡을 나는 동생과 함께 노래한 것이다.

젊은 아이들에게 묻고 싶다. 최근 노래들은 비트가 들어 있어서 듣기가 더 좋았던 것은 아닌가? 분위기를 타며 노래 부르는 것을 노래를 잘한다거나 리듬감이 좋다고 착각하고 있는 것은 아닌가? 가라오케 기계를 이용해 키를 바꾸거나 하모니를 넣거나 해서 잔재주로 잘하는 것처럼 들리게 하는 것은 간사한 것이다. 혼이 들어있지 않은 것이다.

그런 장치에 의지해서 게다가 기계에서 박수소리까지 내고 좋은 기분에 빠지면 행복한가? 남동생을 봐라. 그런 장치 사용방법도 몰라 생으로 서툰 노래에 취해 있는 것만으로도 엉망인데 어린이들이나 형에게 웃음까지 사고 있는 것이다.

하지만 노래에 비트가 깔려있다고 해서 좋은 것은 아니다. 노래를 평가하는 데에는 여러 가지 관점이 있는데, 멜로디나 화음을 평가하는 사람이 있는가 하면 가사를 평가하는 사람도, 심지어 가수의 얼굴을 평가하는 사람도 있다.

요즘 노래는 특히 가사가 제대로 되어 있지 않다고 생각한다. 예전처럼 '쓸쓸하다', '마지막 열차', '부두', '마도로스', '작은 아가씨', '야호~', '삿갓'이라는 고아한 표현을 사용하고 있지 않다. 곡명으로만 봐도 「기타를 든 철새」와 같은 깊은 맛을 잃고 있는 상태다. 최근 곡의 가사를 보면 거의 '좋아한다', '차여서 슬프다.'라고 하는 자기 멋대로의 연애감정을 토해내고 있는 것뿐이다. 젊은이들이 자기 멋대로라고 불린지는 이미 오래된 일이지만

(오천 년 정도 된다.) 집요하게 자기 기분을 호소하는 것은 암컷을 유혹하기 위해 소리를 내는 귀뚜라미와 같은 수준이다. 번민 덩어리가 아닐까?

옛날에는 지금과 달랐다. 내가 어렸을 적에 최초로 만났던 히트곡은 「오토미 상」이었다. '멋진 검은 담, 저 편에 보이는 소나무에 정갈한 모습의 머리, 죽었을 거라고 생각했는데 오토미 상…….' 가사를 들으면 지금 젊은이들은 이해 못할 것이다. 당시 어른들도 이해할 수 없을 정도로 수준 높은 내용이었던 것이다.

무엇보다도 이 노래는 노래하는 사람이 자기 기분에 호소하는 쩨쩨한 근성을 철저하게 배제하고 있다. 실로 시원시원하지 않은가? 자기 본위인 지금의 젊은이들과는 레벨이 다르다. 자기의 연애감정과는 관계가 없는 노래를, 게다가 무엇을 노래하고 있는지도 모르는 채 즐겁게 노래하고 있는 것이다.

실로 고상하다고 할 수 있지 않은가? 생각해보면 남동생이 노래하고 싶어 했던 적막감·낙담·향수·무상·애수라는 감정도 최근의 노래에서는 거의 보이고 있지 않다. 나는 초등학생 때 「사과마을에서」라는 노래가 너무 좋았다. '기억하고 있니 고향마을을'로 시작하는 이 노래를 들을 적마다 태어나서 한 번도 집을 떠난 적이 없는데도 망향의 마음을 느끼곤 했다.

옛날에는 그저 좋았다. 이 노래가 망향의 노래가 아니라 도시로 나간 연인을 생각하는 노래라는 것을 알게 된 것도 최근의 일이다.

신념을 관철하는 남자

최근 여러 가지 일에 쫓기고 있다. 하루하루가 전쟁 같다. 정확히 말하면 매일 전쟁에 지고 있는 것 같다. 대학 관계의 일이 갑자기 늘어나서 느긋했던 옛날에 비해 분주해졌다.

최근에는 일하는 도중에 음식을 시켜 서둘러 먹는 경우가 많다. 하지만 나는 일만 하는 로봇이 아니다. 아무리 바빠도 맛을 느끼는 것만은 잊지 않으려고 신경 쓰고 있다.

나는 먹는 것에 신경 쓰는 남자다. 맛있는 것이 아니면 맛있게 먹을 수 없다. 시켜 먹는 음식도 '생선까스 도시락'으로 정해져 있다. 나는 한번 정하면 앞뒤를 재지 않는 남자다. 만약 생선까스 도시락을 다른 것으로 변경할 일이 생기면 그것은, 같은 구성인데도 지금 가격인 550엔 보다 싼 생선까스 도시락이 발매되었을 때뿐이다.

가격에 구애받는 것처럼 생각될지도 모르지만 정말로 생선까스 도시락이 좋다. 영국에 10개월 있을 때 일본으로 돌아가면 무엇을 먹을까 하고 매일 생각했는데 최종적으로 스시·장어·스테이크를 누르고 당당히 1위 자리를 차지했던 것은 생선까스 도시락이었다.(게다가 당시에는 매일 피쉬앤칩스*를 먹었다.)

나는 다른 가게에서는 생선까스를 먹지 않는다. 이 가게의 생선까스 도시락이 마음에 드는 것이다. 이 생선까스가 어떤 생선인지는 모른다. 생선이 맞는지도 명확하지 않다. 하지만 나는 재료를 모르더라도 맛만 확실하면 맛있게 먹는 사람이다.

동료에게도 추천했지만 평판은 좋지 않았다. '품위 없는 맛이다.'(품위 없는 인간의 말), '돼지기름으로 튀긴 것이라서 산뜻하지 않고 기분이 나빠진다.'(집요하고 기분 나쁜 인간의 말), '정말로 먹을 수 있는 것이 아니다.'(정말로 먹을 수 있는 것이 아닌 인간의 말) 등과 같은 감상을 듣는다.

이러한 감상을 듣고 있는 동안에 최근에는 성격왜곡과 미각왜곡이 상관관계가 있는 것은 아닌가 하고 의심을 하게 되었다. 의심을 나타냈더니, 어떤 사람은 "맞다. 말 그대로다."라고 긍정한다. 미각에도 성격에도 지성에도 문제가 있다고 밖에 생각되지 않는다.

조교는 "매일 같은 것만 먹어서 시야가 좁다. 모험심이 적고 상상력이 없다."고 한다. 나는 조교와 의논했다.

"매번 또르띠아라고 하는, 옥수수분을 구운 빈대떡 같은 것만 먹는 멕시코의 노인이 '이건 언제 먹어도 맛있어.'라고 말한 것을 모르나? 사자도 소도 같은 것만 먹고 있어. 금붕어도 매번 실지렁이다. 인간도 단순한 것에 만족한다."

"비뚤어진 사람에 한해서 단순한 것을 강조하지요."

"요약하면, 신념이 있는 남자라고 말해주지 않겠다는 거지? 나는 가게에 따라 먹을 것을 정하고 있다. 가게에 들어가서 무언가를 먹고, 특별히 맛없지 않다든지 몸 상태가 나빠지지 않으면 줄곧 같은 음식을 먹지. 서서 먹는 국수집이라면 굴튀김우동, 중국요릿집이라면 레바니라*정식으로 정해져 있다. 정식집에서는 고등어 소금구이정식, 쇠고기덮밥집에서는 쇠고기 돈부리밖에 먹지 않는다. 이렇게 정해놓으면 이상한 음식은 먹지 않아도 되지. 그 범위에서 맛보면 된다. '만족이라는 것을 아는 남자'라고 부르고 싶으면 그렇게 해."

"그렇다 해도 너무 궁상맞은 음식만 먹고 계시네요."

"궁상떠는 게 아니라……. 나는 지금도 매일 아침 조우니*를 먹고 있다."

"예? 5월이 다 되가는데 아직도 떡국을 먹고 계십니까?"

"신년을 축하하고 있는 거다. 나는 설날이 지났다고 갑자기 손바닥을 뒤집는 것 같은 태도로 변하는 것을 좋아하지 않는다."

"그렇다면 매일매일 '새해 복 많이 받으세요.'라고 말해도 괜찮을 것 같네요."

"언제나 새해 기분으로 벅차 있어서 타인에게 동의를 구할 필요도 없어."

"넉 달 씩이나 떡국을 먹을 필요는 없지 않을까요?"

"그건 아니지. 작년 12월부터 먹고 있으니까 정확히 다섯 달째다. 해가 바뀌기 전부터 신년을 축하하고 있던 거야. 무엇보다 떡

친절한 거짓말 141

국으로 정해두면 그것보다 이상한 요리를 먹게 될 걱정은 없으니까."

—
피쉬앤칩스Fish and Chips : 감자와 생선을 튀겨 만든 영국의 간단한 요리
레바니라 : 소나 돼지, 닭 등의 간을 부추와 함께 간장으로 볶은 요리
조우니 : 신년 축하 요리의 하나. 나물, 무, 토란 등에 닭고기나어묵을 넣고 끓이는 떡국.

합성의 오류

 휴일이지만 하지 않으면 안 되는 일이 있다. 일이라고 하는 것은 하지 않으면 안 되는 일만 있는 것인가? 하지 않아도 되는 일이나 해서는 안 되는 일이라면 분명히 일을 좋아했을 것이다.
 일을 하기 위해 커피숍으로 갔다. 어떤 사정으로 일이 있을 때나 쉬고 싶을 때라도 커피숍에 가고 싶을 때는 커피숍에 가는 것으로 하고 있다.
 커피숍은 셀프라서인지 휴일이라서인지 손님이 적었다. 넓은 가게 안은 조용했다. 몸속에서 의욕이 넘치는 것을 느낄 수 있었다. 나는 바로 컴퓨터 잡지를 폈다. 광고까지 속독하고 더 이상 읽을 것이 없을 정도가 되면 일을 시작한다.
 조금 있으니까 옆에 중년 여자가 앉았다. 나는 중년 여자 한 사람 정도로 동요되는 일은 없다. 다소 공기가 희박해진 것 같이 느낄 뿐이다.
 그때 친구인 중년 여자가 한 사람 더 늘어났다. 나쁜 예감이 들었다. 라면집에서 나온 컵이 더럽혀져 있을 때와 같은 상황이다. '두 명뿐인가?' 하고 생각하고 있을 때 세 명이나 더 늘어났다. 점원의 손이 라면 속에 넣어져 있을 때와 같은 상황이다. 다섯 명이 끝인가 하고 생각했더니, 곧바로 두 명이 더 합류했다. 라면 속에 바퀴벌레가 들어있을 때와 마찬가지이다. '세상에 이렇게 많은 중년 여자가 있었던가?' 하고 생각했다.

그녀들은 자기들의 존재감이 약하다고 느꼈는지 곧바로 큰소리로 떠들기 시작했다. 주변에 아무도 없는 것처럼 행동하는 모습에 나는 화가 났다. 정신을 차려보니 무모하게도 그녀들은 들을 수 없도록 조심하면서도 날카로운 어조로 시원시원하게 말하고 있었다.

'커피숍이라고 하는 것은 철학서를 읽거나 낮잠 자거나 하는 곳이지요. 장소도 구별하지 않고 떠드는 곳이 아닙니다!'

빈자리는 다른데도 있고 가게 밖에도 넓디넓은 공간이 있는데 어째서 하필이면 내 옆에 모여 있는 걸까. 갈 곳은 그 밖에도 얼마든지 있을 텐데, 중국의 양쯔강이라든가 사하라사막이라든가. 그럴 만큼 건강하다면 명왕성이나 안드로메다성운에라도 갈 수 있을 것이다. 내가 무슨 잘못이라도 했는가? 수업시간에 말을 잘못 했는지도 모르지만 집중해서 듣고 있었을 학생은 없었을 것이다.

지금도 나는 앉아서 논문을 반복해 읽고 있다. 그것이 잘못되었다면 사과하겠지만 중년 여자들의 목소리는 너무 크지 않은가? 목소리라고 하는 것은 내지 않기 위해 있는 것이다. 자기 목소리 때문에 고막이 터졌는지는 몰라도 그렇게까지 목소리를 높이지 않아도 충분히 들릴 것이다.

  내가 아무리 고상하게 떠들어 대더라도, 공사현장에서 방울벌레가 우는 소리나 마찬가지이다. 말할 만큼 말하고 나는 분연히 그 자리를 떴다. 일을 시작한 지 이십 분, 졸은 시간을 빼면 일을 한 것은 고작 삼 분이다.

  가게 근처를 걸으면서 생각했다. '중년 여성도 한 사람이라면 조용하다. 정숙함을 아무리 집결시켜도 소리는 생기지 않는다. 그러므로 중년여성 몇 사람이 모여도 조용하다.'라고 하는 추론은 분명히 잘못되었다. 이것은 '벽 그 자체는 방은 아니다. 천정도 마루도 방은 아니다. 방이 아닌 것은 집결시켜도 방이 생기지는 않는다.'고 하는 것과 같이 합성의 오류를 범하고 있는 것이다.

  나의 연구로는 중년여성의 소리는 '사람 수×3'에 비례한다는 것이다. 오히려 '중년여성이 모이면 시끄럽다. 한 사람이라도 시끄럽다.'고 하는 이론 쪽이 더 올바르다. 그러나 생각해보면 소음의 원인을 여기저기 분산시켜 놓는 것보다도 한 곳에 정리해서 놓는 편이 전체를 봤을 때 피해가 적다. 그녀들이 한 곳에 모이면 그녀들의 가족들은 조용한 휴일을 맛 볼 수 있다.

  그렇게 위로하면서 두 시간 정도 빈둥빈둥거리고 다시 커피숍에 갔더니 거짓말처럼 조용했다. 재빨리 일을 시작했다. 삼 분 후 학술적인 공기가 갑자기 깨졌다.

  중년 남녀 열두 명이 우르르 들어와서 2미터 정도 떨어진 곳에 진을 친 것이다. 술이 들어간 듯, 말한다기보다는 화를 내는 듯했다. 가게 전체가 제트엔진 속에 들어간 형국이다. 라면 국물이 진한 황산일 때와 같은 기분이다. 나는 오히려 방금 전의 중년 여성 그룹에 호감을 갖게 되었다.

조심할 기분도 없기에 나는 바로 자리를 떴다.

올바른 이론은 이러하다.

'중년 남녀가 존재한다. 고로 커피숍에서의 업무는 삼 분을 넘길 수 없다.'

자기를 설득하는 방법

　인간은 실패한다. 그래서인지 같은 실패를 반복한다. 하지만 매일 같은 실패를 반복하게 되면 평범한 것은 아니다.
　그러나 실제로는 이런 사례들이 많다. 예를 들어, 체중이 줄지 않은 채 몇 년씩이나 스포츠센터에 다니고 있는 여자들이 바로 그것이다. 그녀들은 어떤 식으로 스스로를 납득시키고 있을까.
　보통, 어느 정도 해보고서 성과가 없으면 실패를 인정하고 그만둘 것이다. 성과가 없는 채로 몇 년씩이나 계속하려면 아주 강력하게 자기를 설득할 필요가 있다.
　불행하게도 인간이 하는 일은 거의 실패로 끝나지만, 다행스럽게도 실패해도 자기 자신을 납득시킬 방법은 수 없이 많다. 예를 들어, 미개사회에서는 자연재해나 병을 주술로 극복하려고 했는데 실패한 경우 '정성이 부족했다.', '악의 있는 귀신이 방해를 했다.', '조상한테 충분히 공양하지 않았다.' 등 여러 가지 납득의 방법이 있다.

우리들이 자주 사용하는 '세상이 말세다.', '운이 나빴다.'라고 하는 변명도 효과적이다. 물론 진짜로 그렇게 생각하지는 않는다. 사회의식이 결여된 사람에 한해서 '사회 때문이다.'라고 주장하고, 운명론자도 아닌 사람이 '운이 나빴다.'고 말하면서 납득시키고 있는 것이다. 좀 더 간단히 '좋은 경험이 되었다.'고 억지로 납득할 수도 있다.

성과를 얻지 못한 채 스포츠센터를 몇 년이나 계속해서 다니는 여자들은 어떻게 자기 자신을 설득시키고 있는 걸까. 악령이나 운이나 사회나 남편의 탓으로 돌리는 사람도 있을까? 아니면 체중계의 눈금을 읽을 적마다 '좋은 경험이 되었다.'고 자신을 타이르고 있는 것일까?

지난 번, 패밀리레스토랑에서 중년 여성 세 명의 옆자리에 앉게 되었다. 스포츠센터 그룹 같았다. 한 사람이 "오늘은 체중이 300g이나 줄었다."라고 기쁨을 표했더니, 다른 한 여자가 "좋겠다."며 축하해주고 있다.

그러나 아무리 봐도 65kg은 나갈 것 같은 여자가 고작 300g 줄은 게 뭐가 기쁘다는 것인지……. 손톱만 깎아도 그 정도는 줄 것이다.

또 다른 여자가 "나야말로 정말 다이어트를 하지 않으면 안 되는데……." 하면서 야끼니꾸를 볼이 미어터지도록 먹는다. 모두 마음대로 가져다 먹을 수 있는 샐러드와 야끼니꾸 세트를 시켜먹고 있었다. 그녀들의 행동은 도대체 무엇을 목표로 하고 있는 걸까. 이해하기 어려운 사람도 있겠지만 틀림없이 그녀들은

① 맛있는 음식을 먹으면 운동할 필요성을 깨닫는다.
② 운동을 하면 안심하고 맛있는 음식을 먹을 수 있다.
③ ①로 돌아간다, 라고 하는 개미지옥 같은 이론 속에 몸소 몸을 던져 '많이 먹으며 조금만 운동하기'를 매일 반복하고 있는 것이다. 아니면 틀림없이 '샐러드를 먹고 다이어트 하고 있기 때문에 야끼니꾸로 영양을 보충하지 않으면 몸을 지탱할 수 없다.'고 판단하고 있을 것이다.

세 명의 중년 여성들은 체중을 줄일 수 있는 방법으로 화제를 바꾸었고, 같은 스포츠센터에 다니고 있는 무리들도 같은 고민을 하고 있다는 것을 서로 확인시키고 있었다. 한바탕 확인 작업이 계속된 뒤 한 사람이 말했다.

"갑자기 체중을 줄이는 것은 몸에 좋지 않다고 하던데요."

'갑자기 체중을 줄인다.'고 하는 것은 틀림없이 오 년 동안 300g이상 줄였다는 것이리라.

그 발언을 계기로 '어떤 이는 남편이 말라서 좋아하고 있었더니 암이었다.'라는 이야기부터 시작해서, '누가 어떤 병으로 쓰러졌다고 했다.'라는 보건소의 조사보고서 같은 이야기로 돼 버렸다. 마지막으로 한 사람이 "역시 건강이 최고야." 하며 정리하자, 세 명은 "그래요. 맛있는 것을 먹지 못하게 되면 본전도 이자도 못 건지지."라고 하는 결론에 도달했다.

이 결론에 입각해서 300g을 감량하는데 성공한 여자가 파르페를 주문했고 이어 다른 두 여자도 파르페를 주문했다.

놀라웠다. 그녀들은 악령이나 남편(여자에게 있어서 이 둘은 같다.)의 탓이라고 하는 것이 아니라 상상도 할 수 없는 방법으로 자기 자신을 설득하고 있었다.

여자들은 스스로는 '목적을 달성하지 못하고 있다. 그러나 생각해보면 체중을 줄여야 한다는 목적에만 구애받는 것은 위험하다.'고 생각한다. 결국 목적을 달성하지 않아도 좋은 자유로운 경지에 도달하고 있는 것이다.

실패에 대한 변명을 찾는 것이 아니라 실패라고 생각하는 자신을 경계하고 있는 것이다. 이 얼마나 강인한 핑계인가. 강인한 신체에는 강인한 핑계가 깃들어 있는 법이다.

모르고 있을 권리

 자신의 진짜 모습을 타인에게 알리고 싶다고 생각하는 사람이 있을까. 성실한 인간이라면 자기 자신이 사실은 성실하지 않다는 것을 이미 알고 있을 것이다.
 나는 어릴 적부터 성실한 인간이었다. 이미 5, 6세경 내가 생각하고 있는 것을 부모가 알고 있는 것은 아닌가 하고 생각하며 고민한 사람이다. 그때는 순진했던 기억밖에 없지만, 실제로는 부모가 알면 곤란한 것을 생각하고 있던 것이다. 필시 부모를 놀라게 할 정도의 선물을 하고 싶다고 생각하고 있었을 것이다.
 내 마음을 들키지는 않을까 하는 불안은 지금까지도 없어지지 않는다. 독심술이라고 하는 것이 실제로 있는 것 아닐까 하는 생각도 든다. 요즘에 나는 거짓말을 해도 금방 들통 나 버리고 '이것을 들키면 귀찮게 된다.'라든가 '이것을 들키면 신용을 잃는다.'라고 두려워하고 있는 것은 반드시 들켜버린다.
 내가 불성실하고 비굴하게 겸허한 남자라고 생각된다고 하면

친절한 거짓말 151

그것은 독심술 탓이다.

　최근에는 타인에게 내 진짜의 모습을 알리고 싶지 않을 뿐더러 나에 대한 생각마저 알고 싶지 않다고 생각하게 되었다. 내가 좋아하는 음식이 모두 몸에 나쁜 것인지, 십 년 후 나의 모습이나 몸 상태가 어떻게 되어 있을지, 내 책이 어느 정도 팔렸는지, 학생들이 나를 어떻게 평가하고 있는지, 전차가 흔들려 몸을 부딪친 여자가 나를 어떻게 생각하고 있는지, 어제 산 전자제품이 지금은 얼마에 팔리고 있는지 등 알고 싶지 않은 것 투성이다.

　알 권리를 외치고 있는 것이 이상할 정도이다. 확실히 인간은 진실을 알고 싶어 하는 동물이기도 하다.(누군가에게 전화번호를 물을 때 상대방이 거짓말해도 괜찮다고 생각하는 사람은 없을 것이다.) 그러나 사람은 늘 진실을 알고 싶어 하는 것일까? 예를 들면, 남녀가 친해지면 상대방을 알고 싶어 하는 것처럼 보인다. 알고 싶지 않다고 하면서 친해지는 커플은 없을 것이다. 어느 정도 알고 싶은가 조사를 실시했다. 결과는 세 그룹으로 나뉘었다.

　제1군(학생)은 "상대방의 본심을 알고 싶다."고 한다.
　내가 "상대방 남자가 양다리를 걸치고 있다든가 징그러운 것 밖에 생각하고 있지 않다든가 하는 것을 알아도 괜찮은가?" 하고 물으면 "그래도 알고 싶다. 착각한 채로 사귀고 싶지 않으니까."라고 한다. 그녀들은 분명히 '맑은 남자나 순애보가 이 세상에 존재한다.'고 착각하고 있다. 그러나 학생들은 자기 본심을 상대방에게 들키고 싶지는 않다고 한다.(자기가 양다리를 걸치고 있던지, 징그러운 것을 생각하고 있을 것이다.)

남자의 얼버무림은 용서되지 않고, 자기는 얼버무려도 된다고 하는 태도는 중년이 되어서 나타나는 것일까 하고 생각했었지만 나의 착각이었다.

제2군(조교)은 "상대방에 대해서는 알고 싶지도 않다. 상대방에 대해서 알면 알수록 환멸하게 될 것은 뻔하니까." 하고 대답했다. 조교가 변변한 남자랑 사귀어 보지 못한 결과일 것이다.(무리도 아니다. 첫 번째, 변변한 남자가 조교와 사귈 리는 없다. 두 번째, 세상에는 변변치 않은 남자 밖에 없는 것이다.)

게다가 "나 자신에 대해서도 알리고 싶지 않다. 좋은 여자를 연기하고 있는 것을 들킬까봐서."라고 한다. 남녀관계는 쌍방이 착각한 상태에서 이루어진다고 생각하는 점에서 학생보다는 인식이 앞서고 있다.(이 인식에 이르기까지의 과정에서 조교가 살아온 불행한 인생을 생각하면 너무나도 불쌍하다.) 하지만, 자기 결점을 '사실은 좋은 여자가 아니다.' 정도밖에 생각하고 있지 않다는 점에서 응석이 담겨 있다.

제3군(아내)은 "상대방의 것은 알고 싶지 않다. 생각하고 싶지도 않다."고 대답했다.

그렇다면 왜 내 행동이나 돈의 용도를 알고 싶어하는 걸까 하는 의문이 떠올랐지만 아내는 곧 말을 고쳤다. "처음부터 아는 사람으로 발전하지 않았으면 좋았었다."

아내는 "나 자신에 대해서도 상대방에게 알리고 싶지 않다. 상대방이 생각하는 것 이상으로 나는 지독한 인간이기 때문이다."라고 한다. 진실을 알리고 싶어하지 않다는 점에서는 학생이나 조교량 같지만, 아내가 감추려고 하는 것은 '사실은 양다리를 걸치고 있다.'라든가 '사실은 좋은 여자가 아니다.'라고 하는 차원의 진실은 아닐 것이다.

"상한 것을 먹게 했다든가, 혹은 자기 명의로 몰래 저금하고 있다고 말하고 있는 것인가?"라고 물으면, 놀라서 대답한다.

"그런 것 밖에 몰라?"

개인정보는 귀중하다

　정보는 공짜가 아니다. 아무 가치도 없는 정보가 있다는 것은 확실하지만, 그것은 전체 정보 중에서도 9할 정도에 지나지 않는다. 정보 속에는 예측할 수 없는 가치를 지닌 정보도 있다. '입시에 어떤 문제가 나올까.', '어느 말이 이길까.', '내가 먹는 것에 독이 들어 있나.' 등의 정보가 중요하다는 것은 누구도 부정할 수 없을 것이다.
　군사정보나 기업의 기밀 정보에 이르면 정보를 지키기 위해, 훔치기 위해, 훔치기 위한 상담을 위해 식사비나 수도·광열비로 막대한 돈이 사용되고 있다.
　개인정보도 중요할 것이다. 하지만 그 중요성을 인식하고 있는 사람이 몇 명이나 있을까. 많은 사람들은 가입신청서 등에서 요구하는 대로 이름·주소·전화번호 등을 간단히 쓰고 있지만,(나는 다르다. 실수하지 않도록 신중하게 쓰고 있다.) 주소 등을 탐정에게 부탁해서 조사한다 해도 돈은 뺏길 것이고, 하물며 우편번호도

처에게 찾아달라고 하면 적어도 2분 정도는 불평을 듣게 될 것을 각오하지 않으면 안 된다.

현재 나는 아낌없이 무료로 이름을 공개하고 있지만 나의 이름에도 무슨 가치가 있을 것이다. 어떤 불이익을 받고 있는 듯한 기분이 드는 것이 그 증거이다. 작가 개인정보란을 서서 읽고 있는 사람은 내가 부끄러운 문장을 쓴다고 하는 정보만이 아니라, 나의 이름(씨명정보)을 무료로 입수하고 있다는 것을 알아주었으면 좋겠다.

하지만 개인정보를 당연한 것처럼 요구하는 행위가 횡행하고 있다. 개인정보를 요구하는 것은 왜일까? 정보관련의 기업이 많다. 컴퓨터 주변기기나 소프트웨어를 사면 사용자 등록엽서가 붙어있어 그것을 제출하지 않으면 업그레이드나 각종 써포트(질문 전화를 하면 나중에 그쪽에서 다시 전화를 걸어오는)도 해주지 않는다.

엽서에는 연령, 성별, 생년월일, 주소, 전화번호, 근무처, 직책, 구독 잡지는 물론 사용하고 있는 컴퓨터, 그 제품을 어디에서 알게 되었나, 제품을 선택한 이유, 제품을 사용한 후의 느낌, 구입한 가게, 구입 가격 등의 다양한 항목을 기입하도록 되어 있다.

이렇게 많은 정보를 무료로 가르쳐 달라고 요구하고 있는 것이다.(예금잔고·비밀번호·열쇠 놓는 곳 등은 왜 요구하지 않는지) 그러나 경우에 따라 이 같은 개인정보 쪽이 상품보다도 더 가치가 있는 것은 아닐까 하고 생각된다.

이만큼의 정보를 나의 아내도 조교도 아닌 사람이 무료로 요구할 권리가 있는 것일까? 미국과 영국에서는 다르다. 인터넷으로 미국의 소프트웨어 등을 구입할 경우, 신용카드의 정보랑 연락용 메일 주소밖에 요구하지 않는 것이 보통이다. 도대체 '개인정보를 가르쳐주지 않으면 업그레이드나 써포트를 받을 수 없다.'고 하는 방식은 '모든 것을 정직하게 말하지 않으면 집에 들어올 수 없다.'고 하는 것과 같은 정도로 부당한, 차지차가법*에서도, 미성년자 음주금지법에서도 허용하지 않는 행위이다. 도대체 무엇 때문에 이런 정보가 필요한 것일까. 신제품 개발의 참고에 도움이 된다면 미국에서 하는 것처럼 대가를 지불해야만 되는 것은 아닐까.

대개 이러한 정보가 왜 참고가 되는 걸까. 왜 엉터리로 답하는 인간이 있다는 것을 생각할 수 없는 것일까. 내가 아는 범위에서 그러한 인간이 한 사람 있다. 얼핏 엉터리로 쓰면 개인문서 위조인지 독점금지법 위반으로 추궁 당하게 될지도 모르니까, 이름은 숨겨두고 그 인간을 대신 나라고 해놓자.

나는 뿌리가 정직한 남자다. 엉터리라고 해도 주소나 전화번호는 정직하게 쓰고, 이름을 츠지야 사유리로 하고 연령은 18세로 쓴 것뿐이다.

잠시 후, 결혼식장 등 결혼과 관련된 판매 전화가 걸려왔다. 이후 세일즈 회사에 수고를 끼치지 않도록 하기 위해 모든 것을 엉터리로 썼다. 하지만, 그러면 아무 죄도 없는 타인에게 전화가 걸려올 우려가 있다.

지난번에는 소프트웨어를 사서 등록엽서를 적을 때 나는 죄도 없는 사람에게 폐를 끼치지 않도록 연락처를 조교의 연락처로 기입했다.

> 구입처 : 고바야시 정육점　　구입가격 : 3개 500엔
> 구독잡지 : 월간 양돈계
> 선택한 이유 : 차 끓일 기분이 아니라서
> 감상 : 백비탕* 같다　　　　동기 : 귀찮아서

그러나 기재를 끝내고 보내는 것을 단념했다. 등록엽서에 '우표를 붙여서 제출해주십시오.'라고 쓰여있던 것이다.

―
차지차가법借地借家法 : 건물만 소유하고 땅은 50년간 임대하는 내용의 주택관련법. 토지 임대료를 매년 내야 한다.
백비탕白沸湯 : 맹탕으로 끓인 물

절대로 실패하지 않는 방법

나의 에세이를 읽고 있던 선배가 감탄한 듯 말했다.
"매주 샘처럼 펄펄 잘도 차례대로 솟아나오네. 실패가……."
나는 자주 마법에 걸린 것처럼 실패했다. 통상, 일주일에 다섯 번 정도 마가 낀다. 예를 들어 아무 일이 없어도 이 칼럼란을 프로처럼 쓰는 것에 실패하는 것처럼.
하지만 나만 특별히 실패했다는 것은 아니다. 어떤 사람이라도 실패는 할 것이다. 누구라도 '그때, 이렇게 말했으면 좋았겠다.', '아깝다고 생각해서 다 먹어치우는 게 아니었다.', '추녀 얼굴을 문신으로 새겨 넣는 게 아니었다.', '결혼식에 반바지로 나가는 게 아니었다.'라고 후회하고 있을 것이다. 후회하지 않는 사람이 있다면 그 사람은 나의 아내일 우려가 있다. 이것은 사소한 실패에 지나지 않는다고 생각할지도 모르지만, 사소한 실패라도 되돌릴 수 없는 결과를 부르게 된다. 현재 나는 삼백 개의 사소한 실패와 597,832개의 중대한 실패로 되돌릴 수 없는 결과를 초래했다.

실패에 데어서 신중하게 행동해도 되돌릴 수 없는 결과가 되는 것도 마찬가지이다. 예를 들어 '사랑한다고 고백했더라면 좋았을 텐데.'라고 후회하고 있는 남자가 그 후에 결심하고 다른 여자에게 고백한다 하더라도 '이성을 잃으셨군요, 이 대머리 아저씨!'라고 매도되는 결과가 되든지, 고백이 결실을 맺는다 해도 결혼해서 일생을 봉사해야 하는 결과가 기다리고 있는 것이다. '실패는 성공의 어머니'라는 격언은 '실패는 대실패의 어머니'를 착각한 것이 아닐까 생각하지 않을 수 없다.

그러나 실패를 계속해도 비관할 것은 아니다. 실패라고 하는 것은 생각한대로 되지 않는 것이지만 다행히도 인간이 바라는 것이 언제나 적절한 것은 아니다. 예를 들어, 돈을 마련할 수 없어서 유망주를 살 수 없었는데, 얼마 후에 그 주가가 폭락한다면 살 수 없었던 것이 다행이었다고 말할 수 있다. 실패를 두려워하지 않는 것은 좋은 태도이며 그 만큼 실패와 성공의 경계가 확실하지 않다는 것을 알 수 있다.

예를 들어 동경하고 있던 대학에 합격한 남자가 일류기업에 취직하고 평판이 좋은 미인과 연애 끝에 결혼했다면, 성공이라고 말할 수 있을지도 모른다. 하지만 그 후 자녀들은 모두 불량스러워지고 아내와 함께 가정 내 폭력을 휘두르고, 회사가 도산하고, 알츠하이머 증상이 생긴 경우 전체로 봤을 때 이 남자는 성공한 것일까?

성공했는지 어떤지, 행복한지 어떤지는 죽을 때가 되지 않고서는 모른다고 하지만 죽을 때가 되어서도 전체가 성공이었는지 어편지는 알지 못할 것이다. 아마 죽을 때가 되면 성공이었든, 실패였든 어찌됐든 좋지 않을까 싶다.

도대체 무엇이 성공이고 무엇이 실패인가. 번트에 실패한 후 아웃, 다시 타석에 섰을 때 홈런을 쳤을 경우 실패인가 성공인가. 성공과 실패의 구별이 분명하지 않은 것은 성공과 실패를 측정하는 척도가 많기 때문이다. 돈·권력·명예·가정의 평화·사랑·건강·장수·평온 등에서 어느 것을 목표로 하는가에 따라 똑같은 것이 성공으로 나타나기도 하고 또는 실패로 나타나기도 하는 것이다.

예를 들어 권력 싸움에서는 패했다 하더라도 조용한 생활을 보내는 것에는 성공한다. 가족과 헤어지고 친구가 없어지면 인간관계의 고민에서 해방되고 누구한테도 불평을 듣지 않고 청풍명월을 맛본다는 면에서 성공한 것이 된다. 직장에서 잘려도 일에 있어서는 실패지만 만족할 만큼 잘 수 있다는 점에서는 성공이다. 극단적으로 말하면 지갑을 떨어뜨려도 '이걸로 당분간 떨어뜨리지 않을 수 있다.'라며 가슴을 쓸어내려도 좋을 것이다.

이것을 응용하면, 실패를 모두 피하는 것은 절대 불가능하지 않다. 실패라는 것은 바라는 대로 되는 것이 아니므로, 실패를 근절하려면 아무것도 바라지 않으면 된다. 그것이 무리라면 결과가 나온 뒤에 바라면 된다. 실패라고 해도 '이 결과를 바랬던 것이다.'라고 주장하면 된다.

적어도 성공과 실패에 담담해지고 싶다. 실패를 너무 두려워해서 어떤 선택을 할 때에도 '여기서 실패하면 끝이다.'라고 심각하게 고민하는 것은 보기 흉하다.

   조교에게 "브래드 피트에게 결혼을 강요받는 것이랑 남자에게 인기는 없지만, 재능을 부여받는 것 중 어느 것이 좋은가?" 하고 질문했더니 사흘이나 지났는데 여전히 고민 중이다.

친절한 거짓말

　자주 '실패를 두려워하지 마라.'는 말을 듣는다. 이 충고를 의심도 하지 않은 채 그대로 받아들여서 실패한 인간이 산처럼 있다. '실패하면 알아서 해!'라고 협박받아서 실패한 사람도 산만큼 있고, 아무 말도 듣지 않고 실패한 사람도 산만큼 있다.

　그러나 '실패를 두려워하지 마라.'는 충고를 하는 사람은 진짜로 실패를 허용하는 것일까? 예를 들어, 자기 자녀들이 입시에 실패할 것을 두려워하지 않고, 놀기만 하면 꾸짖지 않을까? 자기 자녀들이 원조교제한다거나, 가출한다거나, 폭주족과 어울린다거나, 철학자가 되려고 한다면 부모로서 꾸짖어야 하는 것이 아닐까?

　자녀들 쪽도 이 충고가 입으로만 그런다는 것을 알고 있고, 실패한다면 용서하지 않을 것이라고 생각하고 있다.(대개 '무서워하지 말라.'고 말하는 것은 무섭다는 뜻이다. '아프지 않으니까.'라고 한다면 아픔이 기다리고 있다. '화내지 않을 테니까 솔직하게 말하시오.'라고 한다면 정직하게 말하지 않는 편이 낫다. 이렇게 생각하고 있는 것이다.)

이렇게 입과 속이 다른 충고를 하고 있으면 신뢰관계가 오히려 없어지는 것은 아닌가 하고 생각된다. 이러한 충고를 하고 있는 내가 신뢰받지 못한다는 것이 좋은 증거이다. 또 실제로 누군가가 실패한 경우 좋은 부모나 친구라면 다음과 같이 위로해준다.

'대학이 다가 아니야.', '긴 인생으로 봐서 1년 재수라는 것은 짧은 것이다.', '젊을 때는 좌절하지 않으면 안 된다.', '대학에 있는 놈들을 봐라, 변변한 놈들이 없다. 대학이라는 것은 시시한 곳이다.', '여자는 그 애만 있는 게 아니야.', '그런 변변찮은 여자에게 차여서 오히려 잘된 일이다.' 등등.

그냥 듣고 있으면 마치 실패한 쪽이 성공보다도 좋은 결과인 것 같다. 그렇게 실패가 좋다면 왜 처음부터 실패를 권하지 않는 것인가 할 정도이다.

이렇게 입에 발린 위로(입으로만이라는 것이 지나치다면 친절한 거짓말이라고 해도 좋다.)도 실패해서 자포자기 하고 있는 인간에 대해서는 효과가 없다. 내가 위로하는 방법에 대해 실패한 몇몇 경험만으로도 단언할 수 있다.(이왕 이렇게 된 김에 말하겠다. 내가 몸 상태가 안 좋다고 호소했을 때, '곧 좋아질 겁니다. 선생님 나이와 몸 상태로 봤을 때 아픈 건 오래가지 않을 겁니다.'라고 위로하지 않았으면 좋겠다.)

누구라도 본심은 '실패는 있어서는 안 되는 것이다.'라고 생각하고 있다. 그렇기 때문에 이렇게 말한다. '친절한 거짓말'을 사용하는 것이다. 실패를 피할 수 없는 이상 실패를 직시할 수 있도록 할 필요가 있다. 그렇기 때문에 어린이 교육부터 고쳐야 할 필요가 있다. 어린이는 매일 부모나 선생님으로부터 '이거 해라.', '이런 인간이 되어라.'는 말을 듣고 있다.(나는 지금까지도 듣고 있다.) 그 내용도 '게임을 하지 마라.', '손수건을 잊어버리지 마라.', '거짓말을 하지 마라.' 등 어른이라도 이룰 수 없는 목표뿐인 것이다.

목표를 나타내는 것은 좋지만 목표를 이루지 못할 수도 있다는 것, 인생은 실패의 연속이고 인간은 결점투성이라는 것도 가르쳐야만 하는 게 아닌가 하고 생각한다. 그렇지 않으면 어린이는 어려운 문제에 자신감을 잃고 거짓말하는 수밖에 없다.

그러나 대개의 부모나 교사는 완벽한 인간을 연출하고자 한다. 10년 동안 스포츠센터에 다니면서 체중을 200g도 줄이지 못하는 여자가 '결정한 것은 꼭 끝까지 해내세요.' 하고 어린이에게 명령하고 있는 것이다. 이걸로 봐서는 어린이가 신뢰를 버리지 않고 있는 것이 오히려 이상할 정도이다.(다음의 남동생과 그 아들의 대화를 참조. "링컨은 네 나이 때에 10마일정도나 되는 길을 걸어서 학교에 다니고, 장작을 패고, 촛불로 공부를 했었단다.", "케네디는 아빠 나이 때에 벌써 대통령이었어.")

오히려 나는 부모나 교사가 자기의 결점이나 실패를 여러 사람에게 보이고 주변 사람에게 웃음거리가 되는 것을 보이는 게 좋다고 생각한다. 그래서 어른이라도 실패할 수 있고, 결점이 고쳐지기 쉽지 않다는 현실을 가르치는 것이다. 부모나 교사가 나쁜 점을 보이면 어린이가 나빠진다고 하지만 거꾸로 부모나 교사가 정말로 훌륭한 인간이고 자기 자신만이 결점투성이라고 생각한다면 오히려 어린이는 불량스러워질 것 같은 기분이 든다.(내가 불량스러워지지 않은 것은 주변에 훌륭한 인간이 없는 덕분이다.)

그리고 어린이에게 '이거 해라. 저거 해라.', '이런 인간이 되어라.', '아무리 노력한다 해도 운이 나쁘면 성공할 수 없는 것이다.'라고 가르치는 것이다.

하지만 사실은 약점을 보이는 방법이 효과가 있는지 어떤지는 확신할 수 없다. 나는 줄곧 약점을 드러내고 있지만 아무에게도 신뢰받지 못하고 있다.

계산이 맞지 않다

 억수같이 쏟아지는 빗속을 뚫고 나는 대학을 향하여 빠르게 걷고 있었다. 지나다니는 사람은 거의 없다. 옆에서 보면 영화의 한 장면처럼 보였을지도 모르지만, 유 월이라고 해도 으스스하고 비에 젖은 발이 차갑다. 비에 젖으면 안 된다고 생각하고 우산 속에 몸을 숨긴다. 저 쪽에서 인상 나쁜 사람이 우산도 들지 않고 축축하게 젖은 채 이쪽으로 걸어 온다. 혹시 우산을 뺏기는 것은 아닌가 하고 걱정이 되었다.(나는 나쁜 일이 생길 가능성이 있으면, 그것에 대비하면서 새롭게 걱정하기도 한다.)
 우산을 지키려고 하는 나의 우아한 자세에 압도되었는지, 남자는 아무 짓도 하지 않고 그냥 지나갔다. 안심한 나는 생각했다.
 대학까지는 오 분 정도 거리지만 만약에 '우산을 이리 내놔. 싫다면 삼천 엔을 내놔라.'라고 했다면 비에 젖고 싶지 않기 때문에 삼천 엔을 줄 것이다.
 하지만 같은 장소에서 '우산을 쓰지 않고 오 분 정도 걸으면 삼

천 엔!'이라고 하는 아르바이트가 있다면 꼭 해보고 싶다고 생각할 것이다.

이것은 기묘한 일이 아닐까. 삼천 엔 내고 하고 싶지 않은 일도, 삼천 엔 받을 수 있다면 꼭 하고 싶다고 생각하는 것이다.

이런 '조삼모사' 현상은 누구라도 경험할 것이다. 예를 들어, 똑같이 구만 엔을 받아도 십만 엔 벌어 세금을 만 엔 내는 것보다, 세금이 필요 없는 돈을 구만 엔 버는 쪽이 기분 좋을 것이다. 그보다 더, 오만 엔 벌은 것뿐인데 실수로 구만 엔 받았을 때가 기쁨은 더 크다.

그 9만 엔 중에서 8만 8천 엔을 아내에게 뺏겼다고 생각하는 것보다도 처음부터 2천 엔 벌었다고 생각하는 편이 더 기쁘다.

인간의 금전감각은 이 정도이다. 감각이 전자계산기처럼 될 리가 없다. 제일 먼저 나는 아무래도 2조 5만 엔보다 8백9십7억 3천 7백86만 5천7백98엔 쪽이 더 많은 것처럼 생각되는 것이다.

지난번에, 스크래치 복권을 샀을 때도 전자계산기처럼은 되지 않았다. 스크래치 복권은 동전 같은 것으로 긁으면 당첨여부가 그 자리에서 확인되는 복권이다.

잘라 말하지만, 나는 복권처럼 당첨될 가능성이 없는 것에 돈을 쓰는 것은 언제나 바보라고 생각하고 있었다. 일등으로 당첨될 확률은 몇백만 분의 1이다. 돈을 벌 확률은 경마 쪽이 더 높다. 일어날 것 같지도 않은 일에 달콤한 기대를 걸 것 같은 인간을 깊이 경멸하는 마음을, 나는 복권이 안 될 적마다 새롭게 갖게 되었다.(주식이든 경마든 결과가 나올 적마다 매번 똑같은 마음을 새롭게 다지는 것이다.)

 한 장에 이백 엔 하는 스크래치 복권을 천 엔에 다섯 장 사고, 백 엔 동전으로 한 장씩 긁어간다. 결과는 전부해서 육백 엔 당첨되었다. 대개는 사백 엔 손해라고 생각할지도 모르지만 나는 다르다. 당첨될 리가 없다고 생각하고 천 엔어치 샀기 때문에 처음부터 천 엔은 없던 것이라고 생각하고 있다. 그래서 아무리 생각해도 육백 엔 벌었다고 밖에 생각되지 않았다.

 맛을 본 나는 이미 번 육백 엔에 사백 엔 더해서 천 엔어치 샀다. 일등에 당첨될 것에 대비해서 혼자만 결과를 보려고 커피숍에 들어갔다. 두근두근 하면서 한 장씩 정성껏 긁었더니 웬일인가 이번엔 전부 꽝이었다.

 이 단계에서 수지 계산법은 세 종류로 나뉜다.

① 처음 천 엔에 나중 사백 엔 쓰고, 최종적으로 손에는
   일 엔도 들어오지 않았기 때문에 합계 천사백 엔 손해다.
② 처음 사백 엔 손해보고 또, 사백 엔 손해 봤으니까
   합계 팔백 엔 손해다.
③ 처음 육백 엔 벌고, 나중에 사백 엔 손해 봤으니까 빼면,
   이백 엔 번 것이다.

 아무리 생각해도 ③이 올바르다. 하지만 겨우 이백 엔 벌기위해, 천사백 엔을 써버린 것인가? 이렇게 자문한 나는 한 번 더 사려고 급히 갔지만 가게는 닫힌 뒤였다. 시작도 하기 전에 기세가

꺾인 나는 생각 없이 '비겁자! 이기고 도망가는 게 어딨어!' 하며 외쳤다.

하지만 한 시간 후, 냉정하게 생각해봤다. 만약 좀 전처럼 복권을 샀더라면 벌써 천 엔 손해 봤음이 틀림없다. 가게가 닫혀서 살 수 없었던 덕분에 천 엔 번 것이다. 결국 이날은 그때까지 이백 엔 번 것에 천 엔 번 것 합해서 도합 천이백 엔 번 것이 된다.

이것과 똑같은 일이 사흘 동안 계속 일어났다. 아무리 계산해도 상당한 수익이다. 오늘도 복권을 사려고 했더니 지갑에 돈이 없었다.

츠지야의 인생 상담

Q : 키가 너무 작습니다. 어떻게 하면 좋을까요?

A : 아무 것도 할 필요 없습니다. 그냥 놔둬도 괜찮습니다. 아무래도 신경이 쓰인다면 자기 자신을 큰 벼룩이라고 생각하면 아무 문제없습니다. 진화론적으로 말하면, 작은 동물이 존재하고 있는 것은 작지 않으면 오래도록 살아갈 수 없기 때문입니다. 작으면 적에게도 보이지 않는다는 이점이 있습니다. 당신도 들키고 싶지 않다고 생각한 적 없습니까?

만약 벼룩이 고양이 정도의 크기였다면 지금쯤 멸종했을 겁니다. 모기도 너무 클 정도입니다. 모기는 누르면 짓눌립니다만, 벼룩처럼 짓눌리지 않을 정도로 작게 되면 생존은 한층 더 유리해집니다. 그러니까 벼룩이나 진드기는 작게 진화하는 것을 선택한 것입니다. 인간이나 고양이 또는 코끼리가 살아있는 게 이상할 정도입니다.

동물에 국한하지 않더라도 진화는 결국 작아지는 과정입니다.

라디오도 컴퓨터도 수영복도 옛날보다 작아졌습니다. 실제로 크다고 해서 변변한 것은 아닙니다. 몸집이 크다, 얼굴이 크다, 목소리가 크다, 피해가 크다, 결점이 크다 등. 나도 신장이 2미터이지만 제대로 된 일은 없습니다. 그러니까, 자신을 갖더라도 지장 없습니다.

진화이론으로 봤을 때 '그러면 어째서 키 작은 것이 여자에게 인기가 없는 거야?'라고 생각하실지도 모릅니다만, 원인은 여러 가지로 생각할 수 있습니다. 키가 작은 꼬마만이 진화론의 예외일지도 모릅니다. 진화론이 틀렸을 가능성도 부정할 수 없습니다. 여자가 이론을 모르기 때문에 멋대로 행동하고 있다는 가능성도 있습니다. 또는 알고 있어도 이론에 따를 마음이 없는 것일지도 모릅니다.

어리석은 여자만의 생각을 이론화하는 것에 무리가 있지요. 어쨌든 여자에게 인기가 있는지 어떤지, 라고 하는 작은 일에는 신경 쓰지 않는 것이 좋습니다. 인기가 있어도 변변한 것은 없습니다.

Q : 키다리입니다. 어떻게 하면 좋습니까?

A : 동물은 커가면서 몸을 지켜왔습니다. 코끼리, 기린, 고질라 등은 무기를 갖고 있지 않은데도 사자에게 쫓기지 않습니다. 크면 클수록 같은 무리 안에서도 유리합니다. 원숭이 집단에서도 벼룩 부부에서도 보스가 되는 것은 큰 것들입니다. 이처럼, 큰 동물은 생존에 유리한 것입니다.

그럼, 그렇게 유리하다면 어째서 모든 동물이 커지지 않을까요. 그것은 큰 몸을 유지해 가는 것이 힘들기 때문이라고 생각하며 커지지 않은 동물이 많았기 때문에, 그들로부터 몸을 지키기 위해 커진 것입니다.

작더라도 변변한 것은 없습니다. 키가 작은 나에게 변변한 것이 없다는 점이 좋은 증거입니다.

Q : 대머리입니다. 어떻게 하면 좋습니까?

A : 걱정 없습니다. 나처럼 머리카락이 있어도, 제대로 된 것은 없습니다. 대머리가 되는 것에는 이유가 있습니다. 중년 남자가 미숙한 젊은이와는 다르다는 것을 나타내려면 어떻게 하는 게 좋겠습니까? 속은 그 차이를 보일 수 없습니다. 그리고 속은 다르지 않기 때문입니다. 굳이 다르다면, 나쁜 것이 더 많이 있는 것뿐입니다.

동물의 경우, 사자는 한 눈으로도 알 수 있도록 갈기를 발달시켰습니다. 인간은 이발하는 습관이 있기 때문에 머리카락을 긴 채로 방치해두면, 이발하러 갈 돈이 없나 하고 생각할 뿐입니다. 거기에서 인간의 수컷은 미숙한 젊은이가 아니라는 것을 나타내기 위해 대머리를 발달시켰습니다. 이처럼 대머리는 이론에 부응하고 있습니다. 안심하고 대머리로 있으세요.

Q : 고독합니다. 어떻게 하면 좋습니까.

A : 고독은 스토커나, 빚 받아 주러 다니는 사람이나, 살인마와

함께 사는 것보다는 훨씬 더 바람직한 상태입니다. 그래도 고독이 싫다면 반성해 보십시오. 당신은 자기만을 사랑하고 있지는 않은지. 이런 상대라면 싫다는 등 자기 자신부터 사랑을 거부하고 있는 것은 아닌가요. 자기 이외의 것을 사랑하시오. 개라도 바퀴벌레라도 사랑하면 친구가 되어 줍니다.

자주 '혼자 잠드는 외로움'이라고 말합니다만 이불 속에는 진드기가 몇만 마리나 있고, 몸 안에도 몇만 마리 이상의 세균이 살고 있습니다. 당신은 결코 혼자 살아가는 것이 아닙니다.

어른의 맛

덥다. 조교실에 갔더니, 마침 조교가 있다. 조교는 공교롭게도 나를 알아챘다.
"시원한 우롱차 드실래요?"
살아있는 동안 이런 말을 들을 거라고는 생각하지도 못했다. 이해할 수 없다. 느낌이 좋지 않다.
"유통기한이 지나서 버리고 싶은 거지?"
"기한일 넘긴 것을 좋아하십니까?"
"기한일 넘긴 것을 좋아하는 놈이 어디에 있어?"
"그럼. 부패한 것을 좋아하십니까?"
"기한일 넘긴 것과 부패한 물건밖에 생각나지 않는가? 말해두지만 나의 근성이 부패했다고 해서 부패한 것을 좋아할 거로 생각한다면 잘못된 것이다. 제대로 봐줬으면 좋겠어."
"그러고 보니까 낫또 싫어하셨죠. 일 만큼이나 싫으십니까?"
"일보다도 싫다. 일하면서 낫또를 먹는 것보다는 좋지만, 어쨌든 부패한 것을 먹지 않는 것이 나의 자랑이다."

"그런 것 밖에 자랑할 것이 없습니까? 낫또는 치즈나 된장과 같이 발효시킨 것입니다. 썩은 게 아닙니다."

"발효랑 부패는 같은 의미다. 다른 점이 있나?"

"먹을 수 있는가 없는가의 차이라고 생각합니다."

"나는 낫또를 먹을 수 없다. 고로 낫또는 썩었다고 말해도 되겠지?"

"바꿔 말하겠습니다. 정상적인 사람이 먹을 수 있는지 어떤지의 차이입니다."

"정상적인 인간인지 어떤지는, 낫또를 먹을 수 있는지 없는지로 결정할 수 있다는 것인가?"

"그렇게 결정해도 좋다고 생각합니다."

"그럴 수 없다는 걸 모르는가. 제일 먼저 그 정의는 순환하고 있다. 두 번째로 낫또를 먹는 인간치고 변변한 놈이 없다."

"낫또를 먹을 수도 없고, 변변치도 않은 인간을 저는 알고 있습니다."

"그렇게 보는 눈이 없다는 점이 변변치 못하다는 것이다. 그런 인간은 간고등어나, 젓갈, 해삼창자로 담근 것 등의 이상한 것만을 먹는 경향이 있다."

"드셔본 적이 있습니까?"

"먹은 적은 없다. 먹은 적이 없을 뿐만 아니라, 분별할 수도 없다. 분별력이 없는 것이 나의 자랑이다."

"맛있어요. 술안주로 최고입니다."

"게테모노(보통사람들이 좋아하지 않는 것을 애호하는 사람 : 역자 주) 아닌가? 보통사람이라면 버릴 것 같은 내장을, 게다가 일부러 부패까지 시켜서 먹는다고! 게테모노가 게테모노(보통사람들이 별나게 보는 색다른 것 : 역자 주)를 먹고 있는 것 같은 걸 거야. 왜 일부러 그런 음식을 선택했나? 그 밖에도 먹을 것이 많이 있잖아. 돈까스카레라든가 생선까스 도시락이든가."

"그건 어린이들이나 먹는 것입니다."

"어린이들이 먹는 것을 어른이 먹으면 안 되는가? 자네야말로 어릴 적에는 낫또 같은 것은 싫어하지 않았나? 자네에게도 어렸을 적이 있다고 한다면 말이야."

"하지만 어른이 되면 어른의 맛을 알게 됩니다. 선생님도 아실 것입니다. 선생님이 어른이 된다면 말입니다."

"요약하면 자네는 어린이 같은 마음을 잃어 가고 있는 거야."

"미각이 발달했다고 말해주십시오. 인간은 젖을 뗀 후, 점점 여러 가지 맛을 경험해가는 것입니다."

"나의 이론으로는 미각이 발달해서 정상에 달한 시기는 초·중학생 때였다. 그 이후 미각은 노화한다. '어른의 맛'은 맵다든지 고약한 냄새들뿐이다. 미각이 둔해져서 자극이 강하지 않으면 무엇을 먹고 있는지 모르게 되는 것이다. 그러니까 간고등어 같은 것은 술을 마셔 감각을 마비시킨 후에 먹는 것이다. 미각이 계속 노화되면, 마지막에는 염산에 절인 음식을 야구방망이로 머리를 맞으면서 먹지 않으면 먹고 있는 느낌이 나지 않을걸?"

"확실히 술을 내놓는 가게에서는 진한 맛으로 한다고 말합니다. 하지만 저는 어린이들이 먹는 것도 맛있게 먹을 수 있으니까 미각이 넓어졌다고도 말할 수 있습니다."

"넓어진 것은 위장뿐이다."

"여러 가지를 허용할 수 있게 되었다고도 말할 수 있습니다."

"그렇게 마음이 넓다면 어째서 나를 허용하지 않나?"

"아무리 마음이 넓어도 허용할 수 없을 정도로 교수님은 지독하다는 것입니다."

"자네의 문제는 미각만이 아니군. 차를 주지 않겠나?"

찬 우롱차는 의외로 맛있었다. 다 마셨더니 조교가 말했다.

"하나 가르쳐 주십시오. 어떻게 유통기한이 지난 것을 알았습니까?"

커피 한 잔어치

스크래치 복권을 그만두려고 결심한 것은 열흘 동안 다섯 번이나 된다. 이 복권은 추첨일까지 기다리지 않아도 그 자리에서 긁으면 결과를 알 수 있기 때문에 하루에 몇 번이라도 피해를 받는 것이다.

그러나 오늘은 특별한 날이다. 칼럼이 마침 221일째를 맞이한 것이다. 100회째도 1만 회째도 아닌 꼭 221회째다. 연재가 10만 회 계속된다고 하면 10만 회 동안 단 한 번밖에 오지 않는 것이다. 기적이라고도 할 수 있다.

기념할만한 원고를 다 끝내도 주위로부터 축하의 기운이 전혀 전해지지 않기 때문에 혼자서 자축하기로 했다.

어제 산 스크래치 복권이 당첨된 것이 7백 엔이니까 이걸로 축하하자. 복권으로는 한 번도 크게 성과를 본 적이 없었다. 최근에는 더더욱 당첨될 감이 오지 않고 있다. 그런데 십만 장에 한 장은 당첨일 것이다. 십만 명 중 한 명이 병에 걸린다면, 쉽게 걸릴 것 같은 기분이 들지는 않는다. 냉정하게 생각해보면 병에 걸리는 것도, 연재가 221회를 맞이하는 것도 복권이 당첨되는 것과 같은 확률인 것이다.

복권 파는 곳에 가서 약 7백 엔어치의 당첨된 복권이 없어진 것을 알았다. 주머니 전부를 몇 번씩이나 찾아봐도 보이지 않았다. 숨겨진 주머니가 있을지도 모른다고 생각하고 찾아봤지만 숨겨진 주머니도, 숨겨진 금고도 없었다. 그곳에서 두세 번 점프도 해봤지만 당첨된 복권은 나오지 않았다.

그러고 보니 오늘 아침 지하철역에서 당첨 안 된 복권을 쓰레기통에 버린 생각이 난다. 당첨 안 된 복권은 어제 버렸을 것인데, 오늘 아침 쓰레기통에 버린 것은 당첨 안 된 복권일 리가 없다. 주머니에서 꺼낸 거니까. 냉장고도, 상어도 아닌 것이 분명하다. 당첨 안 된 복권도, 냉장고도, 상어도 아니라고 한다면 남은 것은 당첨된 복권 밖에 없다.

이런, 완전 낭패다! 7백 엔을 버린 것이다. 3백 엔을 벌고 1천 엔 잃어버린 것과 같은 것이다. 1억 엔 벌어서 세금으로 1억 7백 엔 뺏긴 것 같은 기분이다.

게다가 그냥 7백 엔이 아니다. 눈물겹도록 피나는 노력과 막대한 자금을 투자해서 겨우 번 것이다. 무조건 되돌려 받을 것이다. 이렇게 생각하고 연속된 번호로 2천 엔어치 사서 그 곳에서 바로 긁었다. 합계 7백 엔 당첨되었다. 복권은 연이은 번호로 2천 엔어치 사면 반드시 7백 엔은 당첨된다는 시스템으로 되어있다.

이렇게 해서 잃은 7백 엔은 무사히 되돌렸지만, 이 7백 엔이라고 하는 것이 아주 묘한 것이다. 앞으로 3백 엔 내면 천 엔어치 살 수 있는 금액이다. 3백 엔이라고 하면, 겨우 커피 한 잔 값이다. 그 정도라면 일주일에 한 번은 잃어버릴 수 있는 금액이다.

당첨된 7백 엔에 3백 엔 더해서 앞으로 천 엔어치 살 수밖에 없다. 하지만 이 시스템은 교묘하다. 연속번호로 천 엔어치 사면 최저 백 엔 당첨이지만, 연속번호로 2천 엔어치 사면 최저 7백 엔은 당첨되는 시스템인 것이다. 확실히 되돌아 올 금액을 비교하면 2천 엔어치 사는 편이 압도적으로 유리하다.

하지만 이건 속임수다. 신중하게 생각해보면 천 엔어치 사서 백 엔 되돌아온다면 9백 엔 손해이다. 이천 엔어치 사서 7백 엔 되돌아오면 1,300엔 손해다. 그런데 천 엔어치 사면 90% 손해, 2천 엔어치 사면 65% 손해니까 2천 엔어치 산 편이 손해율이 적다.

주의해야 하지만 나는 이익에만 눈이 멀어 견실하게 '손해를 본다.'고 하는 대전제 아래, 어떻게 하면 손해를 줄일 수 있을까 계산하고 있는 것이다. 한 장도 사지 않으면 손해 보지 않고 끝난다고 생각하는 사람이 있을지도 모르지만, 그렇다면 '손해를 본다.'고 하는 대전제가 무너지고 만다.

이렇게 해서 언제나 똑같은 경로를 거쳐 같은 결론에 도달하고 7백 엔 당첨권에 1,300엔 더해서 2천 엔어치를 샀다. 그 결과 언제나 처럼 7백 엔 획득했다.

재차 같은 경로를 거치고 있다는 것을 깨닫고서 정신이 들었다. 2천 엔 내고 7백 엔 벌었다고 생각했을 때 간과한 게 있었다. 오히려 복권을 1,300엔어치 사서 일 엔도 되돌아오지 않았다고 생각해야만 한다. 1,300엔을 잃어버린 것과 마찬가지인 것이다. 1,300엔 몽땅 손해본 것이다.

　1,300엔을 두 번이나 손해본 거니까 지금 손해는 2,600엔이다. 이것을 되돌리려고 지갑을 봤더니 지폐가 모두 없어진 것이다. 할 수 없이 7백 엔 당첨된 복권하고 3백 엔을 더해서 천 엔어치만 샀다. 결과는 예상대로 백 엔 당첨이다.

　자축하기 위해 고급요리점에서 마츠사카쇠고기 먹는 셈치고 쇠고기덮밥을 먹고, 택시 타는 셈치고 만원전차를 타고 귀가했다

　그날 밤 수첩을 열었더니, 버렸다고 생각했던 당첨된 7백 엔 어치의 복권이 끼워져 있었다. 앞으로 3백 엔만 내면 천 엔어치 살 수 있다. 3백 엔이라고 하면 고작 커피 한 잔 값이다.

계획이 무산되고 만 이유

책이 어디로 갔지 1

 방 안을 아무리 찾아도 없다. 여러 가지 물건들이 보이지 않는다. 학생에게 받은 논문 초고도 보이지 않고, 일억 엔짜리 우표도, 백 캐럿 하는 다이아도, 사랑도, 행복도 보이지 않는다. 방에 있어야 하는 물건도, 방에는 없을 법한 물건도 어느 것 하나 보이지 않는다.
 특히 보이지 않는 것은 책이다. 나는 책을 정리하는 데 시간을 낭비하기보다는 찾는 데 시간을 낭비하는 것을 선택했기 때문에 10년 정도 전부터 미정리의 상태가 계속되고 있다. '오락서·학술서·아르마딜로 관계서'라고 하는 분류도, '읽고 싶은 책·읽고 싶지 않은 책·평생 읽지 않을 책'이라는 분류도 하지 않고 있다.
 몇 년 전 정리하기 위해 책장을 4개 샀다. 더 이상 책장을 놓는다면 목욕탕과 마당밖에 자리가 없다. 새로 산 책장은 천정을 찌를 것 같은 고정용 책장이다. 책장을 사고 조립하는 데에 기력과 체력을 다 쏟고 나서 몇 년이나 지났지만 기력과 체력은 지금까지도 쉽게 회복되지 않고 있다.

　책은 책장 외에 마루나 식탁 위에 놓여 있어 식사나 보행을 방해하고 있다. 책은 아내 다음으로 나를 방해되는 존재가 되었다.

　평균적으로 찾는 책이 눈에 띄는 것은 열 번 중 세 번이다. 적당히 슬슬 찾고 있는 것은 아니다. 삼십 분에서 두 시간까지도 걸려, 구석부터 구석까지 혈안이 되어 찾고, 그래도 보이지 않을 때에는 투시력까지 시험해 본다.

　책을 찾지 못 할 때마다 나는 '내일은 기필코 책을 정리하자. 투시능력도 개발하자.'고 결의한다. 십 년간, 일주일에 두 번은 이 결의를 새롭게 하고 계속해오는 걸 보면 진지한 결의라는 것을 알 수 있을 것이다.

　최근에는 무질서한 상태를 바꾸려는 계획에서 탈피하고 무질서한 상태를 있는 그대로 받아들인다고 하는 무위의 심경을 목표로 하게 되었다.

　하지만, 무위의 심경에 도달해도 책이 나오는 것은 아니다. 불필요한 책이라면 그냥 놔두어도 문제는 없지만, 불운하게도 보통 때는 불필요했던 책이, 찾을 때는 꼭 필요한 것이 된다. 찾아도 발견되지 않는 경우, 결말은 여러 가지다. 열 번 중에 한 번은 너무 찾느라고 몸 상태까지 망가져 버린다. 열 번 중 두 번은 찾고 있는 것이 무엇이었는지조차 잊어버리고 만다. 열 번 중 세 번은 서점에서 다시 산다. 열 번 중 네 번은 쓰고 있는 원고의 논지를 바꾼다. 처음에는 인류가 응당 살아야 할 길에 대해 쓰려고 생각했더라도 책을 찾을 수 없다는 핑계로 아내에게 꾸중들은 이야기로 내용을 바꾸고 있는 것이다.

'책이 발견되지 않는다고 해서 내용을 바꾸는 것은 무책임한 것이다.'라고 할지도 모르지만, 확실한 입증도 없이 논지를 관철해서 '라이프니찌는 소프트크림보다도 빙수 쪽이 더 맛있다고 주장하고 있다.'고 쓰는 쪽이 더 무책임할 것이다.

이와 같은 괴로운 나날을 보내고 있는 것을 잊게 할 것 같은 일이 며칠 전에 일어났다.

퇴근해서 집에 가보면 지진이 일어난 것도 아닌데 책장이 무너져 있고, 책이 방 안에 어지럽혀져 있어 발 디딜 틈도 없는 상태로 되어버린 것이다. 마치 강력한 힘을 가진 고질라 닮은 생물이 발버둥치고 지나간 것 같은 상태였다.

순간적으로, 강력한 생물의 기분을 상하게 할 정도의 일을 한 적은 없는가 하고 기억을 더듬어 보았다. 짐작되는 것은 없지만 어쩌면 아침 인사를 잊었는지도 모른다.

잠시 후에 집에 돌아온 아내의 얼굴이 놀란 표정을 하고 있어서 나는 안도의 숨을 쉬었다. 자기 말고도 발버둥치는 것이 있다는 것에 놀란 모양이었다.

조사 결과, 이 책장은 때때로 볼트를 조이지 않으면 안 된다는 것을 잊고 있던 탓에 천정으로 치솟을 힘이 없어져 쓰러졌다는 것을 알게 되었다.

손을 쓸 수 없을 정도로 여기저기 흩어진 책을 보고 나는 정리를 해두지 않았던 것을 신께 감사드렸다. 만약 정리했더라면 그 노력이 허사로 될 뻔했다.

그날 저녁 늦게까지 쓰러진 책장을 다시 세웠다.

그로부터 2주일 지났지만, 책장은 아직 그대로이다. 책장을 완전한 상태로 고치고 책을 정리한 후에, 재차 책장이 쓰러진다면 많은 노력이 허사가 되어 버릴 것이다.

오늘도 책을 찾고 있었지만, 예상대로 발견되지 않았다. 책을 찾을 수 없는 대신 중요한 철학적 진리를 발견할 수 있었다.

책이 어디로 갔지 2

평화를 원하지 않는 사람은 거의 없다. 그런데도 불구하고 세계에도, 가정에도 평화가 찾아오지 않는 것은 왜일까.

아내에게 물었더니 "나는 평화를 원하고 있어. 대립이 생기는 것은 나를 거역하는 사람이 있기 때문이야."라고 설명했다. 이 설명은 '평화라는 것은 자기를 거역하는 사람이 없는 상태다.'라고 하는 잘못된 정의 위에 성립하는 것이다.

하지만 나는 구태여 잘못을 지적하지 않고 연민의 정을 갖고 아내를 용서했다. 아내의 눈에는 내가 공손한 태도로 동조했다고 비쳤을 것이다.

나는 주변의 인간과 자주 의견이 대립하는데 다행히도 우주의 구조라든가, 연속체 가설이라든가, 양자론에 있어서의 코펜하겐 해석이라고 하는 '중대한 이론'에 대해서는 의견이 대립하는 경우가 우선 없다. 이런 것에 대해서는 주변의 인간이 비상하게 나온다 하더라도 엉터리로 내가 제멋대로 지껄일 수 있고 기껏해야

"시끄러워."라는 말을 들을 뿐이다.

하지만 문제가 사소한 것이 되면 갑자기 의견 대립이 선명하게 되고, 주변의 인간은 타협하지 않는 태도로 돌변한다. 내가 아무리 교실 경비를 지불했다고 확신하고 있어도 조교는 '아직 지불하고 있지 않다.'며 잘못된 주장을 반복하고 있고, 아내에게 '무엇이든 좋아하는 것을 사도 돼.'라고 말한 기억이 없는데, 아내는 옛날에 확실히 그렇게 말했다고 강경하게 주장한다.

이런 환경에서 실로 평화를 사랑하는 인간은, 연민의 정으로 용서할 수밖에 없다. 이래도 민주주의인가? 이렇게 되면 타인이 없는 장소에 가는 수밖에 없다. 자기 혼자라면 대립이 일어날 수 없을 것이다. 이렇게 생각했지만 어느 날 혼자서라도 의견이 어긋나는 일이 생긴다는 것을 알았다.

혼자라도 '발언'이 일치하지 않을 수도 있다. 예를 들어, 아내가 소중하게 간직해 놓은 먹다만 양갱을 '먹은 기억이 없다.'고 주장하고 있던 남자가 '2센티만 먹었다.'고 토로한다면 발언이 일치하지 않았다고 볼 수 있는 것이다.

또, 남편이 '불륜 같은 짓을 하는 것은 남자 쓰레기다.' 하고 함부로 말했다고 치자. 그 남편이 텔레비전을 보고 있다가 불륜한 남자 탤런트가 질책당하는 것을 동정하며 '저런 상황이라면 어떤 남자라도 불륜한다.'고 중얼거린 경우, 발언이 일치하지 않으므로 엄격하게 지적당할 것이다.(그렇게 되면 '남자는 모두 쓰레기다.'라든가, 경우에 따라 '나는 남자가 아니다.'라고 주장하는 수밖에 없다.)

하지만 분명히 모순인 것을 자신은 진심으로 믿는 일이 있는 것일까. '집안에 아르마딜로*가 있다.'고 믿는 것과 동시에 '집안에 아르마딜로는 없다.'고 믿는 것이 있을 수 있을까. 주변 사람들에게 물어보니 "성실한 인간이라면 그런 일은 없다."고 답하고, "여전히, 너는 성실한 인간이 아니다."라고 덧붙였다.

그러나 나는 누구라도 이런 종류의 모순된 신념을 가질 수 있다고 말하고 싶다. 내가 이렇게 생각하게 된 것은 지난번에 책을 두 시간 걸려서 찾았지만 결국 찾지 못했을 때이다.

이야기를 간단히 하기 위해서 집에 거대한 책장이 한 개 있다고 하자. 그리고 『기린을 길들이는 방법』이라는 책을 찾고 있다고 하자. 나는 이 경우에 냉장고가 아닌 책장을 찾아보지만, 이것은 그 책이 책장에 있다고 믿고 있기 때문이다.

책장의 선반을 윗단에서 순서대로 하나하나 조사해가다 마지막 선반에서까지 발견되지 않으면, 나는 '이 책장 속에는 없다.'고 강력하게 확신한다. 그런데도 불구하고 나는 '이 책장 속에 분명히 있다.'고 강력하게 확신하며 재차 책장을 뒤지고 있다. 대개 나는 이것을 다섯 번 정도는 반복한다. 그리고 마지막에는 언제나 '이 책장에는 없다.'고 확신하면서 동시에 '이 책장에 있다.'고 하는 확신에도 흔들림이 없는 것이다.

보통의 상황에서는 도둑이 『기린을 길들이는 방법』만 훔쳐갔다든지, 곰이 들어와서 그 책을 먹었다고 하는 원인은 생각할 수 없으니까 찾는 것을 단념한 후에도 석연치 않은 채로 '책장에는 없다.'고 하는 확신과 '책장에 있다.'고 하는 확신이 동거하는 상태가 계속되는 것이다.

  아내에게 말하고 싶다. 이처럼 인간은 명백히 모순일 지라도 강하게 믿는다는 것이다. 아까부터 몇 번이나 말하고 있었을 것이다. 양갱인지 뭔지, 있는 줄도 몰랐다. 몇 번 말해야 믿을 것인가.

―
아르마딜로Armadilo : 남아메리카에 사는 몸 길이 40~70cm 가량의 동물.
등은 딱딱하고 갑옷 모양이며, 적을 만나면 몸을 둥글게 말아 방어한다.

계획이 무산되고만 이유

굉장히 바쁜 나날이었다. 잠잘 여유도 없는 날이 계속되었다. 연일 수면부족에 맹렬한 더위가 겹쳐지고 있을 때에 냉방이 없는 교실에서 수업을 해보라고 하고 싶다. 아무래도 알래스카에서 순록에게 먹이를 주고 있는 기분은 아닐 것이다. 심신이 멍해져서, 학생의 발표를 듣고 있는 동안에 졸 것 같았다. 하지만 그것마저도 너무 더워서 정신이 번쩍 들 정도였다.

괴로운 나날이었지만, 내일부터 드디어 대망의 여름 방학이다. 보통, 너무 기대를 갖고 있던 날이 도래하면 그렇게 기대할 정도의 일은 아니었다는 것이 판명된다.

생각해보면 대학생이 되는 것도, 어른이 되는 것도, 자기가 돈을 버는 것도 크게 기대할 정도의 일은 아니었다.

하지만 올해 여름방학은 다르다. 이 정도로 여름방학이 즐거운 적은 지금까지 50회 정도밖에 없다. 올 여름방학을 소중하게 지내야지. 신중하게 계획을 세운 후에 생각해봤다. 이제까지의 인생에서 맞이했던 50회의 여름방학을 한 번이라도 계획대로 보냈던 기억이 없는 것이다. 성숙한 중년이 되어 일을 하는 기간이어야 할 여름방학이 줄곧 일을 할 수 없는 기간이었다.

달리 생각하면 이제까지의 여름방학은 ① 계획 입안기 ② 정체기 ③ 회한기라고 하는 경과를 거쳐 왔다. 왜 계획이 무산되고 마는 것일까, 원인을 생각해보았다.

① 덥다(자연적 요인)

여름 방학이라고 의욕이 넘쳐도 더워서 아무 것도 할 기분이 생기지 않는다. 이렇게 해서는 여름방학에 들어가기 전과 마찬가지다.

괴로운 나날을 극복해서 겨우 여름방학을 맞이한 지금 최고라고 생각했는데 더워서 아무 것도 할 수 없다니 나는 인생이 그렇게 잘 풀리는 사람은 아니다.

덥지만 않았다면 쌓인 일을 정리하고, 몸을 단련하고, 다음 학기의 예습을 마치고, 피아노를 기초부터 다시 배우고, 괴테 전집과 아우구스티누스 전집을 원어로 독파하고, 무예를 두 가지 정도 마스터한 뒤 후지산에 있는 쓰레기를 주우려고 할 참이었다.

② 계획을 세운다(논리적 요인)

계획을 세우지 않으면, 계획이 무산된 채 끝나버릴 일도 없다. 그러므로 계획을 세우지 않으면 문제는 모두 해결될 것처럼 생각되지만 그것은 분명 잘못된 것이다.

실제로 계획을 세우지 않으면 지루하게 여름방학을 보내게 된다. 그런 무질서한 인간이 되는 것보다 계획을 세워 무산시켜버리는 쪽이 훨씬 더 낫다.

나쁜 것은 계획이 아니다. 지키지 않아야 할 계획이 무산되지 않도록 '매일매일 일을 하지 말자.'고 하는 계획을 세워도 역시 일을 할 수 없게 된다. 나쁜 것은 계획이 아니라 일인 것이다.

③ 지나친 피로(생리적 요인)

여름방학에 들어갔을 때는 피로가 극에 달했었기 때문에 피로 회복만으로도 큰일이다. 회복하려고 뒹굴뒹굴 텔레비전을 보고 있으면 괜히 더 피곤해진다.

몸을 움직이는 운동을 하면 피로가 더해져 괜히 더 몸이 침식될 것 같은 기분이 든다. 운동할 체력이 있다면 벌써 일을 척척 하고 있든지 책장을 고칠 것이다. 최근에는 피로가 더욱 쌓여서 여름방학 전의 피로보다 끝났을 때의 피로가 더 심해졌다.

④ 방해가 된다(사회적 요인)

일을 하려고 하면, 매년 "츠지야~ 놀지~"하며 친구가 유혹해온다.(올해는 아직 유혹이 없다. 걱정되니까 연락해 보자.) 무엇보다도 "집안에서 뒹굴뒹굴 하지 마.", "언제까지 텔레비전을 볼 거야?", "피아노 소리가 시끄러워." 하며 질책 받는 것이 방해다. 일에 대한 집중력을 잃을 것 같다. 인간관계까지도 없다면 일은 한층 더 진척될 것이고, 일을 할 필요도 없어질 것이다.

⑤ 인격에 문제가 있다(심리적 요인)

나는 완벽한 인간이 아니다. 적어도 그것을 기분 좋게 인정할 겸허함이 있다. 그래서 매년 여름방학이 되면 무뎌진 신체를 연마함과 동시에 느슨해진 정신을 바로잡으려고 결심하고 있다.

하지만 여름방학이 끝날 무렵이 되면 언제나 그렇듯 신체를 연마하거나 느슨해진 정신을 바로잡으려면 강철 같은 정신력이 필요하다는 것을 깨닫게 된다.

⑥ 계획에 무리가 있다(이상론적인 요인)

여름방학 계획으로써 '휴양을 몇 주간 한 후, 마지막 사흘 동안 원고용지 2백 매 분량을 쓰겠다.'고 하는 계획에는 무리한 부분이 있을지도 모른다. 그러나 사흘 동안 두 장 쓴다고 하는 계획을 실행할 수 없는 것보다 2백 매 쓴다고 했던 계획이 좌절되는 편이 훨씬 더 낫다.

올해는 이제까지의 교훈을 되살려, 확실하게 실행할 수 있는 목표를 세웠다. 우선 책상 위를 정리하는 것이다. '방학이 되면 정리해야지.' 하고 생각했던 것이 삼 년이나 되었다. 정리하는 데에는 일주일만 할애하면 충분하다.

정리를 시작하면서 세 시간 지났는데 전혀 진전이 보이지 않는다. 수면을 취한 것 밖에 없다. 이 상태라면 책상 정리하는 것만으로도 30년은 걸릴 것 같다.

유전자 문제

나는 보통 쇠고기덮밥이나 레바니라정식을 자주 먹는다. 이걸 보고 '먹는 것에 인색한 수전노'라고 생각하는 인간이 있겠지만, 이것은 말도 안 되는 오해다.

제일 먼저, 수전노가 이렇게 가난할 리가 없다. 두 번째로 내 타입이 싼 요리와 일치하고 있는 것은 어디까지나 우연이다. 그러나 쇠고기덮밥이나 레바니라정식이 고가의 음식이었다면, 분명히 다른 것을 우연히 좋아하게 되었을 것이다.

나도 마음이 끌리면 고급 레스토랑에서 먹는 일이 있다. 마음이 끌릴 때가 다른 사람이 한턱 낼 때랑 일치하고 있지만 이것도 단지 우연일 뿐이다.

지난번에 이탈리아 요리점에서 대접을 받았을 때의 일이다. 빵은 나왔는데 버터가 없다. 웨이터는 대신에 작은 접시를 놓고 "올리브 오일에 찍어 드십시오."라고 했다. 올리브 오일에 찍어서 먹으라고 놓여진 것이니까 작은 접시에 놓인 것은 버터가 아니라 올리브 오일이다.

하지만 나는 올리브 오일을 좋아하지 않는다. 이탈리아 요리점에 가는 사람은 모두 올리브 오일을 좋아할 것이라고 단정 짓는 것은, 마치 쇠고기덮밥집에 가는 사람은 모두 쇠고기를 좋아할 것이라고 단정 짓는 것과 같은 논리다. 식당에서는 메뉴를 선택할 수 있어서, 집에서 먹는 요리와 큰 차이가 있다. 쇠고기덮밥집이라도 단무지랑 계란의 유무, 보통과 곱빼기 등을 선택할 수 있는 것이다. 적어도 고급 레스토랑에서는, 빵에 찍어먹는 것도 올리브 오일만이 아니라 버터나 쨈·토로(다랑어 살의 지방이 많은 부분 : 역자 주)·돈까스카레 중에서 선택할 수 있었으면 좋겠다.

어쩔 수 없이 아무 것도 바르지 않고 먹고 있었더니, 같은 자리에 앉아 있던 사람이 이 올리브 오일은 냄새가 없으니까 찍어 먹는 편이 낫다고 권했다. 내가 "빵에 올리브 오일을 찍는다는 것은 튀김용 식용유나 기계유에 찍어 먹는 것과 마찬가지다. 빵에는 누가 뭐래도 버터다."라고 거절했더니 "그렇게 말하면, 빵에 버터를 바르는 것은, 돼지기름이나 그리-스(윤활유 : 역자 주)를 바르는 것과 마찬가지다."라고 지적받았다.

생각해보면, 어째서 빵에 유지방을 바르는 걸까. 밥에는 보통 버터를 바른다거나 기름을 떨어뜨리면서 먹지 않는다. 그렇게 말하면 '빵에 커피'는 있지만 '밥에 커피'는 없다. 홍차에는 우유나 설탕을 넣지만, 일본차에는 넣지 않는다. 밥에는 사시미를 올려 먹지만 빵에는 사시미를 올리지 않는다.

일본 사람이 밥과 낫또를 조합해서 먹는 것도, 대부분의 외국 사람은 이해가 가지 않을 것이다.

나를 어중간하게 대충 알고 있는 사람은 모르겠지만, 나는 낫또를 좋아한다.(나를 완전히 알고 있는 사람은 아무도 없다. 내가 맛있는 음식을 좋아한다는 것과, 선반 수리와 세금 내기를 싫어한다는 것을 그들은 정말로 모른다고 생각한다. 대부분이 내 희망대로 되지 않는 것을 보면, 아마 신도 모를 거라고 생각한다.)

어쨌든 낫또를 좋아한다. 특히 겨자소스랑 날계란을 넣어서 뒤섞고, 그것을 따뜻한 밥에 섞지 않고 밥만 먹는 것을 좋아한다. 또 낫또에 된장과 새순을 무쳐, 딸기 얹힌 쇼트케이크에 두껍게 바른 것을 다른 사람이 먹는 것을 더 좋아한다. 게다가 그 낫또가 든 쇼트케이크를 먹고 있는 사람한테 멀리 떨어져서 비프스테이크를 먹는 것을 더욱 좋아한다.

이러한 음식물의 조합이나 취향의 차이는 문화나 습관으로는 설명할 수 없다고 생각한다. 같은 문화권이라도 낫또에 익숙하지 않은 사람도 있고, 홍차에 우유를 넣는 것도 처음에 마신 사람이 우유 없이는 마실 수 없다고 해서 생긴 습관일지도 모른다.

그러므로 개인의 취향으로 귀착되는 부분이 크다고 생각한다. 개인의 취향은 최종적으로는 유전자에 의해 설명된다. 낫또를 좋아하는 사람은 낫또에 들어있는 무언가(부패한 냄새, 낫또균의 독소 등)를 유전자가 필요로 하고 있는 것이다. 내가 쇠고기나 참치회를 좋아하는 것은 유전자가 특정한 지방산이나 아미노산, 참치회산을 좋아하기 때문일 것이다.

단지 유전자가 시키는 대로 하면 너무 많이 먹어서 건강을 해칠

염려가 있다. 틀림없이 겨울잠을 위해 먹어두려고 하는 겨울잠 유전자가 섞여 있을 것이다.

  최근 콜레스테롤에 신경이 쓰이지만 오늘은 쇠고기덮밥 곱빼기와 버터 바른 토스트를 먹은 후 소프트 아이스크림을 먹었다. 그래도 나는 나의 유전자가 좋다.

부모와 자식, 어디까지 닮을까

 유전이라고 하는 것은 어디까지 영향을 주는 것인가.
 나의 성별은 아버지 쪽을 닮았고, 포유류인 점이나 겨울잠을 자지 않는 점은 양친 모두랑 빼닮았다. 성격이나 체질은 어머니랑 닮았다. 그런데 지난번, 고향에 가서 어머니와의 닮은 점을 이제껏 생각했던 것 이상으로 많이 발견했다.
 귀성 전날, 신칸센에서 읽을 책을 밤새 찾았다. 동경에서 오카야마까지 네 시간, 평소에 읽고 싶다고 생각했던 책을 마음껏 읽을 수 있는 것이다. 찾고 있던 책은 3%밖에 눈에 띄지 않아 결국 오락책 두 권, 철학책 세 권, 교양서 두 권과 사전, 또 역에서 컴퓨터 잡지를 사 들고 신칸센을 탔다.
 여름방학 중이라서 어린이가 많았다. 뒷좌석의 어린이가 계속 울고 있었다. '절대로 저런 아이는 되지 않도록 하자.'고 결의하면서 컴퓨터 잡지를 세 쪽 정도 읽고 나니, 목이 아픈 걸 알았다. 목은 칼칼해지고 전차는 나고야에 도착한 참이었다. 그 후 문장 뜻이 파악되지 않는 최후의 한 쪽을 다시 고쳐 읽다보니 오카야마 앞이었다. 네 시간 동안 잡지 세 쪽을 읽은 것뿐이었다. 신칸센은 빠르다.

오카야마에 도착해서 집에 있는 어머니를 관찰하였다. 어머니는 수면제를 먹고 주무시고, 다음 날 아침 일어나면 정신을 차리기 위해 카페인이 들어있는 드링크제를 마신다. 잘 때와 깨어 있을 때를 확실하게 구분하는 모습은 마치 나를 보고 있는 듯 했다.

다음 날 가족끼리 와슈산에 갔다. 도중에 들어간 식당에서 어머니는 "위 상태가 안 좋아서 튀김우동밖에 먹을 수 없다."고 했다. 자주 몸 상태가 안 좋아지는 점, 그것을 주변사람에 호소하는 점. 위가 안 좋을 때는 기름이 있는 것밖에 먹을 수 없다는 점 등을 보면 나의 성질은 유전되었다고 밖에 생각할 수 없다.

와슈산 위에서 쎄토나이 바다 경관을 보며 어머니는 "멋있다." 고 하는 단 한마디뿐이었다. 나는 남방 윗주머니에 있던 볼펜이랑 안경에만 신경이 쓰였다. 아침에 집을 나올 때는 있었는데 아무리 찾아도 보이지 않는 것이다. 쎄토나이 바다를 보면서 어디서 분실했는지 기억을 더듬고 있는데, 어머니가 쎄토나이 바다의 전망에는 아랑곳하지 않고 파우더랑 브러시가 없다고 하며 줄곧 찾고 있었다.

숙소에 도착해서도 찾기를 계속했지만 어느 하나도 발견되지 않았다. 여행 그 자체는 재미있었다. 단지 애석한 것은 찾던 물건이 발견되지 않았던 점과 도중에 먹었던 볶음밥에 새우가 적다고 어머니가 불만을 토로한 정도였다.(이 점은 어머니와 다르다. 나는 그런 불만을 입 밖에 내지 않고, 카레라이스에 고기가 적다는 것을 한탄했을 뿐이다).

결국 여행은 엉망이 되었다. 돌아오는 길에 오래된 절을 구경하려고 차에서 내릴 때 어머니가 주차장 아스팔트 위로 넘어져 왼쪽 다리랑 오른쪽 팔꿈치, 오른쪽 얼굴을 부딪친 것이다. 바로 병원으로 옮겨 진찰을 해보니 운 나쁘게도 갈비뼈가 골절되었다. 다행히도 입원은 면했지만, 어머니는 이제까지 몇 번씩이나 넘어져서 골절을 입었었다. 뼈가 약한데도 불구하고 행동하는 데 조심을 하지 않아서이다.

'내 어머니가 어째서 이렇게 경솔한 것인가!' 하고 탄식하고 있을 때 생각이 났다. 나도 며칠 전에 목욕탕에서 발을 씻으려고 쭈그리던 순간 문고리에 세게 머리를 부딪친 것이다. 너무나도 아파서 잠시 동안 움직이지 못했다. 그곳에 쪼그린 채 문고리를 처음 만든 인간을 저주하면서 덧셈을 몇 번이고 중얼거릴 수밖에 없었다.(뇌 상태를 확인하기 위해 역대 천황의 이름을 떠올리려고 했지만 아무리 해도 생각이 나지 않았다. 기억하고 있지 않은 것은 생각나지 않는 것이다.) 그때 생긴 혹이 아직까지도 남아 있다.

틀림없이 어머니도 넘어졌을 때 아스팔트를 새털 이불로 만들지 않은 사람을 저주하면서 덧셈을 해봤음에 틀림없을 것이다. 그 후, 어머니는 몇 번씩이나 "무슨 벌을 받은 걸까?" 하며 되풀이하였다. 자기 잘못을 신 탓으로 돌리는 것도 나랑 너무 똑같다.

고향집에 돌아와 보니, 파우더도 브러시도 안경도 볼펜도 모두 집에 있었다. 결과적으로 찾았던 물건들은 해결된 셈이지만 그것도 잠깐이었다. 어머니가 틀니를 잃어 버렸다는 사실을 안 것이다. 가족 전원이 몇 시간 동안 찾았지만 아무리 찾아도 틀니는 보이지 않았다. 역시 경솔한 것은 어머니를 이길 수가 없다.

집으로 돌아가던 중 신칸센에서 내려 줄곧 사전을 찾고 있지만 아무리 찾아도 사전은 보이지 않는다.

나의 다이어트 1

오카야마에서 돌아와 보니, 귀성 전보다 체중이 3kg 늘었다. 아무리 생각해도 이상하다. 4일 동안 있었던 것만으로 3kg나 늘었을 리가 없다. 3kg 늘었으니까 적어도 3kg 이상은 먹은 것이 되지만, 3kg이라고 하면 아령 무게이다. 겨우 4일 동안에 누가 그렇게 무거운 아령을 먹을 수 있는가. 낫또를 10g 먹은 사람이 있다고 해도 이상한 일이다.

생각해보면 늘상 운동하지 않는 내가 오카야마까지 왕복 1,000km 이상 이동했으면 체중이 줄어야 하지 않을까? 게다가 귀성 중에 마음대로 가져다 먹을 수 있는 야키니쿠를 너무 많이 먹어서 위가 상했을 것이다. 체중이 줄지 않은 것이 이상하다.

내가 자고 있는 동안에 악의 있는 사람이 배에 무엇을 주입했는지도 모른다. 어쩌면 '귀성 전의 체중'을 '귀성하기 반 년 전의 수치'로 적용한 것일지도 모른다.

하지만 반 년이나 1년의 차이는 문제가 아니다. 나는 그 전부터 다이어트를 통해 지방 중심의 식사를 계속 해왔다. 주위 사람은 이 다이어트법이 잘못되었다고 주장하지만 이 방법은 제대로 된 이론에 입각한 것이다.

잘 알려진 것처럼 칼로리 섭취를 줄여서 감량하면 처음에는 체중이 줄지만 얼마 후에 그 이상 줄지 않게 된다. 다이어트 책에 의하면, 이것은 적은 칼로리에 신체가 적응하기 때문이다. 여기에서 먹는 양을 원래로 되돌리면 적은 칼로리로 유지할 수 있도록 된 신체에 칼로리가 오버되고, 감량 이전보다 더욱 체중이 늘게 되는 것이다. 이것이 요요현상이다. 이 요요현상을 몇 번이고 반복하면 마르기 어려운 체질로 되어버린다고 한다.

나의 이론은 이 통설을 응용한 것이다. 만약 이 통설이 맞는다면 거꾸로 칼로리 오버의 식사를 계속해서 섭취하면 처음에는 체중이 증가하지만, 얼마 후면 그 이상 증가하지 않게 될 것이다. 신체는 고칼로리에 적응하고 마침내 칼로리 오버에 맞는 신체가 된다. 그렇게 된 이후 식사를 원래대로 돌리면 요요현상이 생겨, 다이어트 전보다도 한층 더 체중이 줄 것이다.

이 현상을 몇 번이고 반복하면, 살찌기 어려운 체질로 될 것임에 틀림없다. 나는 이 이론에 입각해서 다이어트를 실천해왔다. 지금 체중이 늘었기 때문에 이론 그대로다. 여기에서 식사를 원래로 되돌리면 요요현상이 생겨 전보다도 체중이 줄 것이다. 다음에는 몇 번이고 반복하면 된다.

그 다음은 '좋아하는 음식을 마음껏 마음껏'이라는 생활이 기다리고 있는 것이다.

다만 문제가 있다. 다이어트 전의 식사로 돌린다고 해도 다이어트 전이라고 하는 것이 언제인지 확실하지 않은 것이다. 고등학교 때에는 이미 지금과 똑같은 식사를 하고 있었기 때문에, 그 이전이라는 것은 확실하지만 그 이전에 무엇을 먹었는지 기억이 나질 않는다. 이유식이나 모유까지 거슬러 갈 필요가 있을지도 모른다. 어른이 이유식의 칼로리로 살아가는 것은 어려울 것 같다. 거기에다가 영·유아기 때로 체중이 줄어버리는 것은 피하고 싶다.

어느 쪽으로 하든, 지금보다 먹는 양을 줄이지 않으면 안 되기 때문에 늘상 했던 다이어트랑 변함이 없게 되었다. 먹는 양을 줄이지 않아도 되도록 이론을 정비할 필요가 있다.

지금의 '배는 나왔는데 빈약한 체형' 그대로 있는 것은 나의 미의식이 허락하지 않는다. 생각하고 생각해서 결국에는 통상의 다이어트 이론을 시험해보기로 했다.

일반적으로는 섭취 칼로리를 줄이고 유산소 운동을 하는 편이 좋다고 한다. 우선 식사를 개선해야 한다. 잠자리에서의 식사가 가장 나쁘다고 되어 있으므로 자기 전에 먹었던 야식을 단호히 그만 두었다. 수면 중에도 먹지 않도록 신경 쓰고 있다.

이것으로 그때까지 야식으로 먹었던 버터를 바른 빵 두 장에 해당하는 400kcal(절제한 계산임. 빵의 두께, 버터의 양에 따라 최고 800kcal정도까지 된다고 생각한다.)를 줄일 수 있었다. 400kcal를 소비하려면 빠른 걸음으로 두 시간 반, 다림질이라면 네 시간, 빠른 걸음으로 걸으면서 다림질을 한다면, 한 시간 반 정도 계속하지 않으면 안 된다.(내가 체중 40kg의 20세 여자라고 치고 계산)

현재, 잠자기 전에는 이전까지 야식 후에 먹었던 요구르트랑 수박, 얼음빙수(시럽과 연유가 들어간다.)밖에 먹지 않았다. 물론 아직 과제는 있다. 야식 후에는 졸게 되고, 가끔 밤중에 라면을 먹었을 때 세 시간은 깨어 있으려고 해도 결국에는 자고 만다. 하지만 식빵을 줄였기 때문에 빠른 걸음으로 걸으면서 다림질을 하는 것은 하지 않아도 된다.

나의 다이어트 2

다이어트를 시작한지 2주일이 되었다.

2주일은 결코 평탄한 길이 아니었다. 특히 1개월 동안 표류했던 어선이 구출된 뉴스가 보도되었을 때 당초의 결의는 꺾일 것 같았다. 만일 표류하거나 조난당하거나 동면하게 되면 체지방 없이는 살 수가 없다. 체지방이 있다고 하는 것은 비상식량을 가지고 걷고 있는 것과 같다는 의미이다. 지방의 중요성을 통감한 나는 심야에 라면을 먹고 표류할 준비를 했다.

그래도 다음 날은 반성하고, 다이어트할 의지를 되찾았다. 어설픈 각오로는 다이어트를 할 수 없다. 표류나 조난, 동면이 무서워서야 다이어트할 수 있겠나?

반성의 계기는 어떤 책의 설명이었다.

그 책에 의하면 하루 260kcal(버터를 바른 토스트 한 장 정도)를 점심으로 먹으면, 한 달 안에 선물용 햄 한 개분의 지방이 쌓인다고 한다. 이 설명은 설득력이 있다. 토스트를 하루에 한 장씩 먹게 되면 한 달 후에는 햄 한 개를 받을 수 있는 것이다. 덕을 본 것 같은 기분도 들지만 덕을 본 기분이 들어서는 안 된다. 햄을 먹고 싶어서야 다이어트할 수 있겠어?

식사 제한뿐 아니라 유산소 운동도 실행했다. 힘든 운동보다도 가벼운 유산소 운동을 하는 편이 더 효과적으로 지방을 태운다고 한다. 가능한 한 걷도록 신경 쓰고, 달리거나 계단을 뛰어올라가거나 하는 것은 삼갔다. 지각하는 것이 무서워서야 다이어트할 수 있겠어?

덕분에 지금은 몸도 가벼워지고 바지가 헐거워진 꿈까지 꾸게 되었다. 실제로 재어봤더니 열흘 동안 500g이 줄었다. 저녁식사 후에 쟀던 것을 저녁식사 전으로 바꾼 것도 잘했다고 생각한다.

이대로 가면 결국에는 체중이 제로가 되어버릴 것 같은 공포도 있지만 체중이 제로가 되는 것이 무서워서야 다이어트할 수 있겠어?

하지만 최근 의심을 품게 되었다. 세상에는 기근으로 먹고 싶어도 먹을 수 없는 사람이 있을 것이다. 혹시 먹지 않으면 벌을 받게 되는 것은 아닐까? 운동하고 싶어도 할 수 없는 사람이 있다. 이렇게 운동해서는 그 사람들에게 죄송스럽지 않을까?

게다가 비만은 유사시에 유리하기 때문에 생물학적으로도 아름다울 것이다. 실제로 우리들은 참치회나 쇠고기 같이 지방이 많은 음식을 좋아하지 않는가. 비만을 싫어하는 미의식은 잘못되지 않았는가. 미의식을 전환하는 쪽이 운동하는 쪽보다도 편안하지 않을까?

또 운동을 하면 활성산소가 증가하고 배가 들어가서 쉽게 지친 다는 결점이 있다. 어차피 지친다면 먹고 지치고 싶을 것이다. 만약 운동으로 체중이 줄었다 해도 '운동을 쉬게 되면 살쪄버리는 체질'이 된 것 뿐이다. 담배를 피우지 않으면 멍청해지는 니코틴 중독 상태와 같은 것은 아닐까?

유산소 운동은 맥박이 조금 빨라지는 정도의 운동이다. 그렇다면 보통 수업 때나 가정에서 충분히 보충되고 있다. 두근두근하며 맥박이 올라가고, 얼굴에서 경련이 일고, 식은땀이 나고 무릎이 근덩근덩하는 경험은 늘상 있는 것 아닌가. 운동보다도 무단 외박하는 것을 상상하는 편이 효과가 있다.

마침, 유산소 운동에 싫증이 났을 때 이런 의문이 떠올랐다. 이 정도의 의문이 있는데도 운동을 계속한다고 하는 것은 나의 이성이 허락하지 않는다. 운동은 그만 두고, 식사 제한으로 변경했다. 운동을 그만두고 살쪄버리는 것이 무섭다면 과연 다이어트를 할수 있을까?

운동을 그만둔 지 이틀 후 기분 좋은 일은 계속되지 않았다. 공원에서 철봉에 매달리기를 하다가 깜짝 놀랐다. 차오르기도 토카훼프도, 츠카하라도, 코바치도 할 수 없다. 매달린 채로 다리가 올라가지 않는 것이다.

앞다리의 발톱에 지탱하고 매달려 뒷다리가 축 내려가 있는 고양이는 쥐를 잡지 못한다고 한다. 나는 쥐를 잡지 못하는 신체가 되어버렸다. 이래서는 들고양이도, 쥐덫도 될 수 없다.

이런 한심한 상태는 나의 자존심이 허락하지 않는다. 결심했다.

근력을 붙이자! 단백질을 섭취할 필요가 있다. 어쩌면 칼로리가 부족해서 힘을 낼 수 없는지도 모르니까 칼로리가 필요하다.

그 날, 오랜만에 돈까스카레를 먹었다. 다이어트를 시작하고 나서 따뜻한 야채 카레라고 하는 경멸할 만한 요리를 참고 먹었더니 맛이 각별했다.

돈까스카레는 먹었지만 다이어트는 아직도 계속 중이다. 돈까스카레가 무서워서야 어디 다이어트할 수 있겠는가?

태풍의 피해

 태풍 11호가 수도권을 강타했을 때 마침 원고 마감일이었다. 나는 텔레비전의 태풍정보에서 눈을 뗄 수가 없었다.
 대형 태풍이 직격한 것이다. 멍하니 원고를 쓰고 있을 때가 아니다. 만약 태풍의 영향으로 통신망이 단절된다거나 출판사가 홍수로 떠내려간다든지 내가 날아간다거나 하면 원고를 쓴 의미는 없어져버린다.
 텔레비전에서는 저녁 때 태풍이 수도권을 직격한다고 보도하고 있다. 그렇게 되면 교통기관은 멈추고 편집자도 출판사에 나갈 수 없게 될 것이다. 프로야구도 예보에 근거해서 중지하기로 결정했다. 텔레비전에서는 '엄중한 경계가 필요하다.'고 반복해서 전하고 있다.
 나는, 편집자도 부족함 없이 충분히 경계하여 출판사가 쉬기를 기원하면서 텔레비전의 태풍정보에 집중했다. 오후 세 시, 텔레비전에 비춰진 지도에는 수도권이 노란색 원 안에 쏙 들어갔고 화면에는 폭풍우나 거친 파도의 영상이 계속해서 나오고 있다.

하지만 밖은 비도 멈추고 참새가 짹짹대고 있다. 여기는 수도권이 아닌가? 태풍의 눈 안으로 들어간 건가 생각했지만 계속 맑은 상태이다. 그 후, '태풍 치마에 상륙(추정)'이라고 '추정'이라는 글자가 따라붙었다. 어느새 폭풍구역이 사라졌다. 이해할 수 없는 상황에서 엄중히 주의하고 태만하지 않도록 했지만 주의가 부족했는지 편집자로부터 독촉 전화가 걸려왔다.

내가 아무리 "아직은 세심한 주의가 필요하다."고 설명해도, 편집자는 그 필요성을 이해하지 않았다. 무리도 아니다. 나도 그 필요성을 이해할 수 없었던 것이다. 예보를 신용했기 때문에 실패해 버렸다.(그 다음에 온 태풍15호에서는 예보를 신용하지 않았지만 역시 실패였다.)

태풍정보는 신용할 수 없다. 말하자면 진로예측도 어지럽게 변하고 그 설명에는 이해할 수 없는 점이 있다. 예를 들면 '태풍은 태평양 고기압 벽에 막혀서 튕겨져……'라고 설명하면 납득할 수 있겠는가. 태풍이라고 하는 것은 주위보다 극단적으로 기압이 낮아져 있는 공기 상태인 것이다. 저기압이라면 고기압과 합체해서 기압차가 없어져도 좋을 것 같은데, 어째서 고기압의 벽에 튕겨나간다는 것인가. 너는 고무공이냐?

또 '태풍은 편서풍을 타고…….'라고 설명하고 있지만, 어째서 공기의 저기압 상태가 편서풍을 '탔다'는 것일까. 너는 풍선이냐?

텔레비전의 중계에서도 납득할 수 없는 것이 있다. 태풍의 위력을 나타내기 위해 중계영상을 반복해서 내보내지만 대개는 리포

터가 해안 등에서 폭풍우를 맞으면서 보도한다. 하지만 태풍의 위엄을 보이기 위해 인간을 폭풍우 속에 세워놓으면서까지 보여줄 필요가 있는 것인가? 해안은 위험하므로 가까이 하지 않도록 경고하면서 해안에 인간을 보내고 있는 것이다. 잃어도 아깝지 않을 인재인지도 모르지만 너무 불쌍하다고 생각된다.

이전에 본 태풍중계에서는, 아나운서가 폭풍우 때문에 날아갈 것 같은데도 "비가 옆으로 후려치면서 내리고 있습니다. 귀 안에 비가 들어가 중이염이 될 지경입니다."라고 말하며 귀를 누르고 있었다. 시청자는 태풍은 물론이고 아나운서의 귀도 걱정했던 것이다.

또, 거친 폭풍우 속에서 상황을 전달한 후 너덜너덜 찢어진 종잇조각을 보면서 주말 날씨 예보를 읽고 있던 아나운서도 불쌍했다.

다른 의미에서 불쌍한 사람도 있다. "폭풍우 권에 들어온 ○○어항에서의 중계입니다. 현장 나와 주십시오." 하며 긴박한 목소리로 중계는 바뀌었는데, 때마침 비바람이 약해졌는지 폭풍우라고는 생각할 수 없는 고요함이 이어졌다. 조용한 바다 앞에서 태풍의 사나운 기세를 전하는 아나운서가 거짓말쟁이처럼 보여져서 딱하다고 밖에는 할 말이 없었다.

어떤 사람 말로는, 중계하는 도중에 바람 때문에 가발이 벗겨진 딱한 남성 아나운서도 있었다고 한다.

그러나 내가 본 것 중에서 가장 딱했던 것은 꽤 옛날에 본 중계였다. 스튜디오에서 캐스터가 말했다.

"무로또 미사키(무로또 곶 : 역자 주)는 최대 순간 풍속 40m를 기록했습니다. 그럼, 현지에 나가 있는 무로또의 야마모토 상? 야마모토 상?……, 야마모토 상?……. 나오지 않는 모양입니다. 그럼 내일의 날씨를 알려드리겠습니다."

이 정도로 폭풍우의 격렬함을 전달한 중계는 본 적이 없다. 그렇지만 이들과 같이 딱한 정도가 심한 사람들은 별로 동정을 받지 못한다. 태풍 피해를 접하면서 동정받지 못하는 것은 나뿐만이 아니었다.

어린 양이여, 잘 들으시오

거기 방황하는 어린 양이여! 아니, 어린 돼지여 잘 들으시오. 웨이트리스여 당신을 말하는 것이다. 내가 주문했을 때 왜 대답을 하지 않는 것인가? 순간 당신에게 무언가 실례되는 일을 한 것은 아닌가 하고 불안해졌다.

당신이 우리 연구실의 조교인가? 홍차를 갖고 오는 것만으로 조교보다 낫다고 생각해서는 안 된다. 좀 더 높은 이상을 갖도록 하라.

당신에게 말한다. 싫지만 할 수 없이 일을 하고 있다면 나처럼 누군가로부터 존경받지 못하게 될 것이다.

내가 늙은이라서, 봤을 때 가난한 인상이라서, 마음이 가난하다고 해서 가볍게 여겨서는 안 된다. 바보스러운 행동을 한다고 해서 바보로 취급해서는 안 된다. 나보다 체중이 더 나간다고 해서 스스로를 대단한 사람이라고 생각해서는 더욱 안 된다.

봐라. 미국 테러사건의 주모자인 용의자를 일본 미디어에서는

'오사마 빈라덴 씨'라고 경칭으로 부르고 있다. 미국인을 무차별적으로 죽이겠다고 선언하고 있는 사람한테조차 경칭으로 부르고 있는 것이다.

당신에게 묻겠다. 어린 양이여, 이 정도의 경의를 어째서 나에게 표하지 않는 것인가. 나를 존경해야만 할 학생들까지 음지에서는 경칭을 쓰지 않는다고 한다. 내가 무엇을 잘못했다고 그러는 건가. 별볼일없는 수업을 한 것 밖에는 해를 끼친 게 없지 않은가.

빈 라덴이 어째서 미국을 저렇게까지 증오하고 있는지 당신은 알고 있는 것인가? 걸프 전쟁 때 사우디아라비아에 미군이 주둔하고 있는 것을 보고 그때까지 함께 싸웠던 미국을 증오하게 되었다고 한다.

그가 그런 일로, 게다가 경칭으로 불리우고 있는데도 어째서 그렇게까지 화를 냈는지 알고 있는가? 알고 있지도 않으면서 큰 얼굴을 하고 있으면 안 된다.(얼굴이 큰 것이 태어날 때부터라면 사죄한다.) 빈 라덴은 어쩌면 내 아내처럼 화를 잘 내는 성격일지도 모른다. 확실한 것을 알게 되면 알려 달라.

어린 돼지여, 여자 중에는 '빈 라덴이 부시 대통령보다 핸섬해.' 정도로 밖에 생각하지 않는 사람이 있다. 이것이 흉한 테러사건에 대한 감상인가.

어제도 집에서 테러사건 뉴스를 보고 있는데 "빨리 책장을 조립해요."라고 하는 용서하기 어려운 감상을 말하는 사람이 있었다. 광우병 뉴스까지 희미해진 긴급시기에 책장을 조립하고 있을 때인가. "그 밖에 해야만 할 것이 있을 걸?", "자, 그럼 무엇을 하려는 거야?"라고 질문하고 있을 때도 아닐 것이다.

단지, 위기감을 너무 갖는 것도 좋지 않다. 균형 맞추기가 어렵다. 어떤 주간지는 '참극! 미국 테러'라고 하는 표제와 나란히, 똑같이 큰 활자로 '왕가슴 아이돌 ㅇㅇ'이라고 하는 광고를 내기도 했고, 〈주간 문춘〉은 내가 장난친 문장을 싣기도 했다.

계속해서 묻는다. 당신은 일본이 취해야만 할 행동에 대해 생각한 적이 있는가. '일본이 이런 이런 것들을 하지 않으면 다른 나라로부터 인정받지 못할 것이다.'라는 논조가 일부에 있는 것을 알고 있는가? 이것은 요즘 어머니들의 태도랑 똑같다. 어린이가 전차 안에서 시끄럽게 해서 타인에게 주의를 받으면 "다른 사람에게 폐가 되니까 그만해라." 하고 꾸짖는 대신에 "사토루 짱. 그만하는 거야. 이 아저씨 무서우니까. 응?" 하며 어린이에게 말하는 어머니 말이다.

타인의 평가에만 신경 쓴다면 다른 나라로부터 인정받지 못할 것이다. 타인의 얼굴색을 살피는 것은 나만으로도 충분하다.

어린 돼지여, 당신은 한층 더 얼굴색을 살피도록 하시오. 계속해서 말한다. 기성세대의 법률을 자명한 대전제로 논의하는 사람도 있지만 '이미 결정했으니까.'라고 하는 것만으로 사물을 결정하는 것은 이상하지 않은가? 이것은 여자가 "결혼했을 때, 용돈은 이것뿐이라고 정했잖아요." 하며 변화를 인정하지 않는 것과 똑같은 것이다.

아! 무, 무엇을 하는 거지. 지금 당신은 젊은 남자 손님에게 정중하게 대하고 있는 건가? 게다가 웃는 얼굴까지 하고 있지 않은가? 그 남자도 똑같이 350엔 낸 것뿐이지 않소. 어째서 모든 사람을 평등하게 사랑하지 않는가? 남자를 봐라. 남자는 대개 여자에게 평등히 붙임성 있게 한다. 이것은 무언가 좋은 일이 있을지도 모른다고 생각하기 때문이다. 이런 공평한 태도를 보고 배워라. 그렇지 않으면, 벌을 받게 될 것이다. 혹시 당신의 죄 때문에 이미 내가 벌을 받고 있는 것은 아닌가?

어째서 나를 소홀히 취급하는가? 설명해봐라. 동물학자라면 당신이 나를 보며 '너의 자손 따위는 원치도 않아.'라는 의사표시를 하고 있는 것이다 라고 말하겠지만 내가 언제 나의 아이를 낳아달라고 부탁했는가?

경제활동은 어렵다

경제활동은 신속하지 않으면 안 된다. 조금이라도 타이밍이 맞지 않으면 금리는 변하고, 환율은 변동하고, 아내의 기분은 바뀌어버린다. 은행에 예금하는 것조차도 최근에는 시기를 놓치면 파산 때문에 예금을 잃을 위험이 있다.

공교롭게도 나의 행동은 신속하지 못하다. 주식이나 집을 사려고 할 때마다 결심하는데 2주일, 행동하는데 2주일, 살 시기를 놓쳤다는 것을 아는데 일주일 걸리는 것이 보통이다. 내가 경제적으로 성공하지 못하는 것은 행동이 너무 느리기 때문이다.

아무 것도 생각하지 않고 충동적으로 주식 등을 살 때도 있지만 그럴 때는 언제나 실패로 끝난다. 내가 경제적으로 성공하지 못한 것은 어쩌면 행동이 너무 신속해서 일지도 모른다. 나아가 실패의 원인은 경제활동을 하기 때문일지도 모른다는 생각이 든다. 계속해서 경제활동을 삼가고 있지만 지난번 거래를 하고 있던 은행에서 다른 은행으로 돈을 옮기고 싶다는 생각이 들었다. '신속히 예

금을 옮겨도 손해는 없겠지?'

이케부쿠로의 은행에서 예금을 인출해서 다른 은행에 예금하는 거다. 은행은 이상하게도 붐볐다. ATM코너는 뱀처럼 줄이 길다. 창구에서 일을 봐야하는 손님도 의자에 앉아 있지 않고 빈틈없이 서서 기다리고 있다. 마치 연말 마지막 영업일 같다.(본 적은 없지만.)

관계자가 말한 대로 번호표를 뽑는다. 번호표를 발행하고 있는 기계에는 '57' 이라는 숫자가 표시되어 있다. 이것은 나의 인격을 채점하고 있는 것이 아니라 57번째라는 의미이다.

창구는 네 곳이다. 나는 즉시 계산했다. 하나의 창구에서 한 사람 처리하는데 5초로 하고 57명을 처리하는데 몇 분 걸리는가를 계산하고 있는 동안에 5분 지났다. '57'이라고 하는 숫자가 계산하기 괴롭다.

계산하기 쉽도록 40명이라고 가정하면, 50초 있으면 내 차례가 될 것이다. 크게 양보해서 한 사람한테 1분 걸린다고 해도 10분 기다리면 된다. 내가 잘못 계산할 가능성을 고려한다고 해도 20분 기다리면 되는 것이다.

그러나 이만큼 양보했는데도 불구하고 시간을 계산하고 있는 동안 한 사람도 줄어들지 않은 상태였다. 병원의 약 창구보다도 진전이 늦을 수 있다고는 생각하지도 못했다. 내가 무리한 주문을 하고 있나? 예금했던 돈을 되돌려 받고 싶은 것뿐이다. 그렇게도 되돌려주고 싶지 않은 것을 보니 혹시 당신은 나의 아내인가?

창구에서 무엇을 하고 있는지 모르겠지만 스탬프를 찍고, 무엇인가를 쓴다. 전자계산기를 두드리는 거라면 3초로 충분할 것이다. 페르마 정리를 증명하기라도 하는 것일까? 그렇게 일이 늦는 것을 보면 혹시 너는 나인가?

　손님도 그렇다. 기다리는 것을 그만두고 적당히 체념해서 돌아가면 어떨까? 적어도 항의라도 한다면 어떨까? 이런 부조리한 시스템에 대해 불평도 하지 않고 순종적으로 기다리고 있는 너희들은 그저 순한 양인가?

　나는 순종하는 자세로 기다리면서도 점점 초조해졌다. 기다리는 것에는 서툴다.(그 대신에 기다리게 하는 것은 특기이다.) 나는 입소문이 나있는 라면집에서 길게 줄을 서서 기다리는 것보다, 옆에 위치한 기다리지 않아도 되는 훨씬 더 맛있는 라면집을 선택하는 남자다. 이렇게 기다리게 하면 옆 라면집으로 가버릴 거야!

　창구 한 곳에서는 직원이 줄곧 아래만 볼 뿐 전혀 진척되지 않고 있다. 반야심경이라도 베끼고 있는 건가? 아니면 일이 잘 진행되고 있지 않는 걸까? 손님이 체념하기를 신에게 빌고 있는 것일까? 나는 너보다 훨씬 전부터 기도하고 있다.

　직원에게 물어보니 아침에도 이렇게 혼잡했고 매일매일 이렇다고 한다. 그렇다면 어째서 창구 인원을 늘리지 않는 걸까. 사람 손이 부족하다면 일의 내용에 따라서는(신에게 비는 등) 내가 아르바이트를 해도 된다.

　나이를 먹으면 시간 가는 것이 빠르게 느껴진다. 하지만 이 정도로 나이를 먹었는데도 시간 가는 것이 너무 늦다고 여겨진다.(그렇다고 수명이 연장된다는 기분은 들지 않는다.)

영원이라고도 생각할 수 있는 한 시간이 지나고 드디어 내 순서가 돌아왔다. 다른 창구를 보니 화가 날 정도로 진행 속도가 빠르다는 것을 느꼈다.

혹시 기다리게 한 것은 나를 일부러 약 올리려고 한 것인가? 내가 예금을 인출하는 것이 그렇게 깊은 상처인가?

절차를 밟고 있는 동안 폐점시간이 되었다. 그래서 그런지 행원의 움직임이 활발해진 것처럼 보인다. 그렇게 빨리 돌아가고 싶은 걸까?

만약 내가 이치로였다면 시간으로 따져서 얼마만큼의 손해였는지 알고는 있는 걸까? 이 시간이면 나라는 사람도 책장을 반 정도는 조립했을 것이다.

또 하나, 은행은 이미 끝나 있다. 아내한테 뭐라고 변명을 하면 좋단 말인가. 경제활동은 이제 끝이다.

홍차를 주문하는 방법

커피숍에서 밀크티를 주문하려면 우선 커피숍에 들어가야 하는 것은 필수이다.(들어가는 방법에 대해서는 생략한다.)

들어가려면 셀프 서비스 가게 쪽이 피해가 더 적다. 점원이 주문을 하러 오는 커피숍은 누가 들어왔는지 알지도 못할 뿐더러 마실 것을 옷에 흘릴 위험도 있다. 셀프서비스 가게에서는 그럴 위험이 우선 없다. 주문 카운터에 섰는데도 알아차리지 못한다면 카운터의 돈을 뺏어 달아나도 알아차리지 못할 가능성이 있다. 나아가 카운터 앞에서 보증서를 제출해 달라는 요구까지 받는다면 갈 만한 가게는 못된다.

제대로 된 가게에 들어가서 주문할 경우 '홍차'를 부탁하면, 아이스티가 나올 수 있으므로 '뜨거운'이라는 말을 꼭 해야 한다. 그 결과 미적지근한 홍차가 나오더라도 얼음이 들어있지 않으면 '뜨거운'이기 때문에 자기가 바라던 대로 나왔다고 생각할 수밖에 없다.

그러나 '뜨거운 홍차'라고 주문해도, 다섯 번에 한 번 꼴은 '뜨거운 레몬티'가 나오니까 방심하면 안 된다. '홍차라는 것은 레몬티이다.'라고 정의하고 있는 가게가 있기 때문이다. 보다 확실하게 밀크티를 갖고 오게 하려면, '뜨거운 밀크티'라고 명확하게 발음하지 않으면, 열 번에 한 번 꼴은 '뜨거운 우유'가, 스무 번에 한 번은 '뜨거운 커피'가 나오기 때문이다. 잘못 받은 경험이 많았던 내가 '뜨거운 밀크티'라고 확실히 발음을 해도, "그레이프 후르츠 주스 말입니까?" 하고 되묻는 게 실상이다.

그러나 명료하게 발음을 한다 해도 충분하지는 않다. '뜨거운 밀크티'라고 주문하면 가게에 따라서 "밀크티라면 로열 밀크티인데요?"라고 정의하고 우유를 넣은 비싼 홍차를 내오는 경우도 있다. 그런 가게에서는, "뜨거운 홍차이고, 우유를 넣어 주세요."라고 주문하지 않으면 안 된다.

하지만 이런 방법으로 주문하면, 말이 잘못될 가능성('뜨거운'이라는 학교 건물에 '밀크를 함께'라는 등*)이 늘어나므로 발음 연습을 하는 편이 좋다. 이런 일을 막기 위해서는 메뉴를 보고 어떤 정의를 채택하고 있는지를 조사하면 안전하다. 그러기 위해서는, 노안인 사람은 돋보기를 준비할 필요가 있다. 지불할 때 액수가 큰 지폐는 피하는 게 좋다. 그렇지 않으면 양손에 짐을 들고 잔돈을 지갑에 넣어가면서 자리까지 홍차를 운반해야 하는 곤란한 처지가 될 수도 있다.(비오는 날은 여기에 우산까지 더 챙겨야 한다.)

밀크티에는 우유나 작은 팩에 든 크림이 따라 나온다. 가게에 따라서는 팩에 든 크림을 한 개밖에 주지 않는 곳이 있다. 이런 구두쇠 같은 방침을 하고 있는 것은 마음껏 가져가게 해 놓으면 몇 개 정도 덤으로 가져가는 손님이 있기 때문이다. 마음껏 가져가도 된다고 해서 필요 이상으로 가져가는 지저분한 행위는 신중히 해야만 한다.

덤으로 집어가니까 가게에서 한 개씩만 내놓게 되고, 한 개는 부족하니까 마음대로 가져가게 하는 가게에서는 덤으로 집어간다고 하는 악순환이 생기는 것이다.

더욱이 덤으로 집어간 경우에는 며칠 동안 주머니 속에 넣어둔 팩이 터질 수도 있으므로 주의가 필요하다.

물이 필요한가, 하고 물어오는 가게도 있다. 이런 경우 '물까지도 구두쇠 작전인가?' 하며 화를 내서는 안 된다. 홍차가 필요한가, 하고 묻지 않은 것에 만족해야 한다.

최근에는 홍차를 뜨겁게 내오는 가게가 많아졌다. 뜨거운 물이 컵 한 잔보다도 적은 양밖에 들어있지 않을 때가 있다. 이 경우 뜨거운 물을 더 넣어 달라고 점원에게 당당하게 주문하는 사람은 중년 여자밖에 없다고 생각해도 좋을 듯하다. 게다가 티백이 너무 많이 우려져서 진하니까 뜨거운 물을 더 주시오 하며 점원에게 요구까지 한다. 보통 티백 한 개에 두 잔 이상이 나온다고 생각하는 중년 여성이 있을 가능성이 높다.

뜨거운 홍차를 다 마신 후 뜨거운 물을 한 잔 더 요구하는 사람은 자기가 중년 여성이라는 것을 확신해도 좋다. 더군다나 그렇게 요구했을 때 점원끼리 속닥이는 것을 보고 화가 나서 집에 돌아와 그 분풀이를 가족에게 발산한다면 그 사람은 태어날 때부터 중년 여성이었다고 자신감을 가져도 좋다.(주위 사람들은 이런 사람과 거리를 두는 편이 좋다.)

　주의사항은 아직 더 있지만 요약하면, 절대로 편안히 쉴 수 없다는 것이다. 집에 있는 것 같은 긴장감을 가지고 있다면 실수는 없을 것이다. 그렇다고 해도 집이나 직장에서 마시는 것보다 희생은 훨씬 더 적다.

―
홍차紅茶(코우샤)와 교사校舎(코우챠)의 일본어 발음이 비슷하다.

책상자의 법칙

　나에겐 과제가 많다. 과제를 하나 정리하면 다른 과제가 세 개 생기기 때문에 당분간 '라흐마니노프의 피아노 협주곡 제3번을 연주해 낸다.'고 하는 과제에까지 도달할 것 같지는 않다.
　설명은 생략하지만 창고에 있는 책을 정리한다는 것은 나의 영원한 과제다. 이 위대한 과제에 근접하기 위해서는 가지고 있는 책을 버리든지 책상자를 더 사든지 집에 불이 나든지 하는 것밖에는 방법이 없다.
　책을 버리는 것은 언제라도 가능하다. 책상자를 사는 것도 언제든지 가능하다. 이렇게 생각하고 불이 나기를 계속해서 기다렸지만 기다림에 지친 나는 책상자를 사기로 했다.(정확히 말하자면, 책을 정리하지 않는 것을 지켜 본 아내가 기다림에 지쳤다.)
　하지만 집안에는 책상자를 놓아둘 여유가 없다. '이게 한계다.'라고 생각한 이후부터 이제까지 산 책상자가 세 개나 된다. '방은 물건을 놓는 공간이다.', '마루는 눕거나 걷는 곳이다.'라고 방이

나 마루의 개념을 바꾸는 것을 통해서 한계를 극복한 것이다.

이번에도 현관의 개념을 변경해서 극복하기로 했다. 홈쇼핑에서 조립식 책상자를 사고 나니 조립해야 하는 과제에 직면하게 되었다. 과거의 경험과 이번의 조립을 통해서 다음과 같은 법칙을 발견했다.

- 통상 책상자를 하나 조립하는 데 나사 수십 개가 필요하다.
- 드라이버를 돌리기 어려운 곳에 나사 구멍이 최소한 한 개는 있다.
- 구멍이 너무 작아 나사가 들어가지 않는 곳이 세 곳 이상 있다.
- 나무나사를 세게 돌리면 두 개 중 한 개는 나사머리가 뭉개진다.
- 나무나사 구멍을 억지로 넓히면 나사가 돌아가지 않게 된다.
- 평균 두 개 이상 나사 구멍이 바른 위치에 뚫려 있지 않다.
- 바른 위치에 구멍을 뚫고 나면, 조립을 잘못했다는 것이 나중에 판명된다.
- 작업은 집안에서도 가장 작업하기 어려운 곳을 택하여 이루어진다.
- 완성이 가까워오면 나사 수가 부족하다는 것이 판명된다.
- 나사를 찾고 있으면 조립설명서를 찾을 수 없게 된다.
- 나사 찾는 것을 포기한 후 책상자를 다 조립하고 책을 책상자에 넣어 둔 다음에서야 책상자의 선반이나 주머니 안에서 나사가 발견된다.
- 이와 같은 경험을 반복하면 전동 드라이버가 갖고 싶어진다.

- 전동 드라이버를 싸게 팔고 있던 아키하바라에 사러 가면 팔고 있지 않다.
- 책상자보다 싼 전동 드라이버는 덤핑판매 외에는 없다.
- 전기 제품 파는 거리를 걷는 편이 책상자를 조립하고 있는 것보다 더 낫다.
- 걷고 있는 동안은 책상자를 조립하지 않아도 된다.
- 아키하바라에 가면 반드시 다른 무언가를 사고 만다.
- 아키하바라에서 돌아오는 길에 컴퓨터 소프트웨어를 사서 컴퓨터에 설치하면 컴퓨터 작동이 이상해지고 고쳐야 하는 과제가 발생한다.
- 아키하바라의 노상에서 '무엇이든지 자를 수 있는 톱'을 사도 사용할 수 있는 기회는 영원히 돌아오지 않는다.
- 통신판매 잡지에서 싼 가격의 전동 드라이버를 발견해서 주문하고, 상품을 손에 넣었을 때가 책상자를 조립할 의욕이 가장 왕성하게 될 때이다.
- 조립할 의욕이 왕성할 때는 바빠서 조립할 여유가 없을 때와 일치한다.
- 매일매일 바쁜 날이 계속되면 전동 드라이버도, 책박스도 기억 속에서 잊혀져 간다.
- 과제를 잊고 있을 때가 가장 행복하다.
- 행복에 빠지는 것도 2주일 이상은 지속되지 않는다.
- 행복에 빠지는 것을 깨뜨리는 것은 7할이 집에 있는 사람이다. 남은 3할은 근무처에 있는 사람이다.

- 질책 받아 기력을 쥐어 짜내면 신체의 나른함이 느껴진다.
- 신체의 나른함을 느낄 때의 체온은 정상 체온보다 높다.
- 열나기 전이 가장 괴롭다.
- 일주일 정도 안정하고 있으면 열은 오르지 않는다.
- 안정을 취하고 있을 때는 행복하다.
- 조립의 1단계는, 반 년 전 도착한 채로 방치된 책상자를 발견하는 것이다.
- 1단계를 한 시간 내에 끝낸 경우, 실제로는 아직 완료되지 않은 것이다.
- 전동 드라이버를 찾는 것은 책상자를 찾는 것보다 시간이 더 걸린다.
- 1단계를 완료하면 성취감을 얻을 수 있다.
- 성취감에 빠진 후 '빨리 포장지를 풀고 조립하시오.' 라는 독촉에 대처하는 것이 최우선 과제가 된다.
- 아무리 질책을 받아도 인격은 향상되지 않는다.

부호의 길

 지금까지 복권을 몇 장 샀는지는 모르지만 당첨된 적이 없다. 당첨됐다고 말하는 지인도 없다. 어쩌면 복권이라고 하는 것은 속임수일지도 모른다.
 그것을 확인하기 위해 계속 사 왔다. 주식도 몇 번인가 샀던 적이 있지만 번 적이 없었다. 내가 사면 기다리고 있었다는 듯 반드시 내려가는 것이다. 주식도 속임수일지 모른다고 생각한다.
 언제나 손해 투성이다. 경제계 전체가 속임수인 것인지, 나에게 돈 버는 재능이 없는 건지, 어쩌면 양쪽 모두 일 것이다.
 나를 경제통이라고 생각하는 사람이 있으면 안 되니까 잘라서 말해두지만 나는 경제와 관련된 일에 서툴다. 주식 시황을 전하는 아나운서나 경제 전문가가 난해한 전문용어를 구사하면서 이야기하는 것을 듣고 있으면 뜻도 모르면서 감동해버린다. 저만큼 유창하게 회화하고 있는 걸보면 이야기의 모든 내용을 이해하고 있음이 틀림없다.

경제 전문가의 토론을 들으면, 어떤 의견도 올바른 것처럼 생각된다.(정치가나 철학자의 토론은 어떤 의견도 잘못된 것처럼 생각할 수 있다.) 전문가가 정부의 정책을 비판하면, '정부는 왜 이렇게 바보스러운가. 어째서 이런 간단한 것을 모르는 것일까.'라고 생각한다.

다른 전문가가 그것에 반론하면, '맞았어! 그거야! 방금 전의 전문가는 처음부터 다시 공부해야 해.' 하고 생각한다. 경제 바보의 약점에 홀려 피해를 입은 적도 있다.

증권회사의 중국펀드에 예금했을 때(나는 오래도록 중국펀드는 중국과 관계가 있다고 생각했다.) 거기의 세일즈맨이 이렇게 말했다.

"다른 손님에게는 비밀입니다만 츠지야 상에게만 특별히 알려드리겠습니다. 이자가 30%나 붙는다는 이야기가 있습니다. 백만 엔이라면 일 년 이자가 30만 엔입니다."

의심 많은 나는 이것을 듣고, 어째서 나한테만 특별히 가르쳐 주는 걸까, 그렇게 좋은 이야기라면 왜 세일즈맨 자신이 사지 않는 것일까 하는 의문을 품었다.

그러나 전문용어를 구사해가며 설명하는 것을 듣는 동안 신용할 수 있게 되었다. 무엇보다도, 30만 엔이라고 하는 금액에 강한 설득력이 있었다.

결국 외국 채권이라나 뭐라나 이해할 수 없는 것을 샀지만 이자는 단 일 엔도 받을 수 없었다. 버블 절정의 때였기 때문에 정기예금으로 했으면 이자가 있었을 것이다. 정기예금을 해약하고 산 것이 후회되었다.

그 후 증권회사에서 말하는 것은 신용하지 않게 되었다. 증권회사의 세일즈맨이 "츠지야 상의 구좌에는 1엔도 들어 있지 않기 때문에 해약합니다."라고 해도 이제 신용할 생각은 없다.

지난번 세계적으로 유명한 전설적인 트레이더인 후지마키 켄지와 이야기할 기회가 있었다. 회사를 위해 막대한 이익금을 올린 사람이라서 돈 버는 재능이 있을 것 같은데도 유복해 보이지 않았다. 털 나는 약을 대머리 남자가 팔고 있는 것을 봤을 때와 같은 경계심이 싹텄다.

그러나 후지마끼 씨의 이야기는 설득력이 넘치고, '이 사람에게 맡긴다면 일본 경제는 곧바로 서게 될 것이고, 나의 돈을 배로 늘려 줄 것이다.'라고 생각하게 되었다. 어째서 이런 사람이 은행 총재나 재무부장관이 될 수 없었을까 하는 생각이 들었다.(이런 생각을 들게 한 사람은 후지마끼 씨까지 해서 500명 째다.)

그의 이야기에서는 앞으로 엔이 싸지고, 현재 1달러에 120엔에서 170엔이 된다고 해도 이상한 것이 아니라고 한다. 나는 50엔이 되어도 이상하지 않고, 이 예상이 빗나가도 이상하지 않다고 생각했지만 열심히 설명하는 그의 이야기를 듣고 있는 동안에 확신했다. 그는 엔이 싸지지 않으면 안 되는 곤란한 개인적 사정이 있음에 틀림없다. 그 이외의 이유는 이해할 수 없었지만 이유는 문제가 아니다. 지금까지 이유에 대해 납득한 결과, 손해만 본 것이다.

조속히 달러 예금을 하려고 결심했다. 이것으로 부호가 되는 것도 꿈은 아니다. 누가 뭐라고 해도 후지마끼 씨한테는 눈부신 실적들이 있다. 나의 눈이 잘못되지 않았다면 그는 진짜이다. 다만, 유일한 문제는 나의 눈이 잘못되었다는 것이다. 게다가 그는 채권선물이 돈을 벌게 한다고 가르쳐주었다. 확실히는 몰랐지만 '앞으로 5년 뒤에는 올라가든지 내려가든지 할 것이므로 살까, 팔까만 결정하면 된다.'고 하는 이야기였다. 이 말에도 설득력이 있어 마음이 움직였다.

만약 채권선물이라고 하는 것이 어떤 것이고, 가지고 있지도 않은 것을 어떻게 하면 팔 수 있는지를 알고 있다면 다음 날이라도 팔든지 사든지 할 참이었다. 지금 냉정하게 생각해보면 모르는 게 좋았다는 생각이 든다.

독자로부터의 편지

　선생님의 책을 읽으면 힘이 납니다. 자기 전에 읽는 것이 일과가 되었습니다. 머리맡에 없어서는 안 됩니다. 덕분에 오래도록 고생했던 불면증이 완전히 나았습니다. 지금은 표지를 보는 것만으로도 잘 수 있게 되었습니다. 선생님의 책은 약국에서도 팔릴 수 있다고 생각합니다.

*

　이번에 결혼합니다. 이것도 선생님 책 덕분입니다. 이전부터 '무엇을 재미있어 하는가.'가 궁합을 볼 때 정말로 중요하다는 생각이 들었고, 선생님의 책이 시금석이 된다고 생각하고 있었습니다. 프러포즈를 한 남자에게 선생님의 책을 읽게 했더니 '시시하다.'는 감상을 드러냈습니다. '이렇다면 제대로 된 인간이다.'라고 판단하고 결혼을 결심했습니다. 고맙습니다.

*

　선생님의 굉장한 팬입니다. 선생님의 책을 전부 모으는 것이 꿈이라서 서점을 찾고 있습니다만 좀처럼 찾을 수가 없습니다. 겨우 찾아도 지갑에 돈이 없거나 따로 사고 싶은 책이 있어서 선생님 책은 살 수 없었습니다. 지난번 선생님의 책을 찾았을 때 운 좋게도 돈을 갖고 있었고 따로 사고 싶은 책도 없었습니다. 그래서 겨우 염원했던 거인군(요미우리 자이언트야구단 : 역자 주) 캘린더를 살 수 있었습니다. 언젠가 선생님의 책을 한 권이라도 살 수 있기를 염원하고 있습니다.

*

전부터 갖고 싶다고 생각했던 선생님의 책을 지난번에 세 권이나 살 수 있었습니다. 세 권 합해서 200엔에 헌책방에서 팔고 있던 것입니다. 선생님의 책을 읽고 싶어 했던 친구에게 재빨리 세 권을 300엔에 팔려고 했더니 100엔 이상 낼 마음이 없다고 해서 곤경에 빠져 있습니다. 선생님이 200엔에 사시지 않겠습니까?

*

선생님께 인사드리고 싶어서 편지를 썼습니다. 얼마 전에 남자가 생겨서 아내가 도망갔습니다. 모든 것에 자신을 잃고 실의에 빠져 있을 때 선생님의 책을 접하게 되었습니다.

역 플랫폼에 있는 쓰레기통에 버려져 있었습니다. 선생님 책을 읽고 저보다 불행한 사람이 있다는 것을 알고 살 용기를 얻었습니다. 덕분에 '결혼은 행복한 것'이라는 생각에서 벗어날 수 있었습니다. 현재 '결혼은 불행한 것'이라는 생각에서 벗어나는 것이 과제입니다.

*

선생님의 글을 언제나 재미있게 읽고 있는 팬입니다. 선생님의 글을 읽고 고기를 좋아한다는 것을 알고 기뻤습니다. 최근 저는 야키니쿠점을 개점했습니다. 동봉한 지도에 나온 것처럼 군마현의 보통의 시골입니다만 싼 걸로 말하자면 어디에도 지지 않습니다. 지금 특별 세일 중입니다. 이 기회에 꼭 오셔서 고급 국산 쇠고기를 싼 가격에 드셔 주십사 하고 안내해 드립니다.

*

처음으로 편지를 드리게 되었습니다. 선생님의 팬입니다. 가을도 깊어져, 배랑 밤이랑 귤이랑 감이 맛있는 계절이 되었습니다. 얼마 전 아는 사람으로부터 송이버섯을 받았습니다. 선생님께 보낼까 하고도 생각했습니다만 낫또를 싫어하신다고 하셔서 송이버섯도 싫어할지 모른다고 생각해서 제가 먹었습니다.

송이버섯이 맛있는 가을을 아주 좋아합니다만 여름은 싫어합니다. 땀을 많이 흘리는 편이고 모기에게 물리면 붓고 좀처럼 낫지 않는 체질입니다. 전차나 가게는 너무 세게 냉방을 해서 언제나 몸을 상하게 됩니다. 아이스크림과 빙수를 너무 많이 먹는 것도 좋지 않을 듯합니다. 선생님도 몸조심하십시오.

*

츠지야 선생님의 애독자입니다. 〈주간 문춘〉을 사면 제일 먼저 선생님의 글을 읽고 있습니다. 매번 정말로 재미있습니다. 선생님의 글을 읽기 위해 매주 사고 있다고 해도 과언이 아닙니다. 다음에도 '읽는 약'을 기대하겠습니다.

*

 선생님의 팬입니다. 선생님은 자주 책이 팔리지 않는다고 쓰고 계시지만 만일 베스트셀러라도 되면 큰일입니다. 돈을 빌리러 오는 사람, 유괴하려고 하는 사람, 애인이라고 이름을 대는 사람, 성추행했다고 말하는 사람 등이 나올 것이 분명합니다. 그런 인간으로부터 선생님을 지키는 것이 팬의 임무라고 생각합니다.
 그러기 위해서 자그마한 도움이라도 되고자 아는 사람들에게는 '선생님 책은 시시하니까 사도 손해'라고 말하고 있습니다. 헌신적인 팬이 있는 것을 알아달라는 뜻에서 펜을 들었습니다.

홍차를 주문하는 방법
츠지야 켄지 지음 / 송재영 역

초판 인쇄 | 2007년 11월 24일
초판 3쇄 | 2013년 7월 7일

발행인 | 홍순창
기획 | 이경희
편집 | 김보현
미술 | 정지영
인쇄 제작 | 미성문화
배본 창고 | 출판물류 비상

발행처 | 토담미디어
등록번호 2-3835호(2003. 08. 23)
서울시 중구 묵정동 27-5 (2층)
전화 2271-3335 팩시밀리 0505-365-7845
홈페이지 www.todammedia.com

인쇄, 제본이 잘못되었거나 유통 중 파손된 책은 구입하신 곳에서 교환해 드립니다.

ISBN 978-89-92430-10-4

국립중앙도서관 출판시도서목록(CIP)

```
홍차를 주문하는 방법 / 츠지야 켄지 지음 ; 송재영 옮김.
  ― 서울 : 토담미디어, 2007
   p. ;    cm

원서명: 紅茶を注文する方法
원저자명: 土屋賢二
ISBN  978-89-92430-10-4 03810 : ₩11000

834-KDC4
895.645-DDC21                CIP2007003417
```